Darts

Richard W. Sohlbach

Darts
Ausrüstung · Technik · Spiel

Inhalt

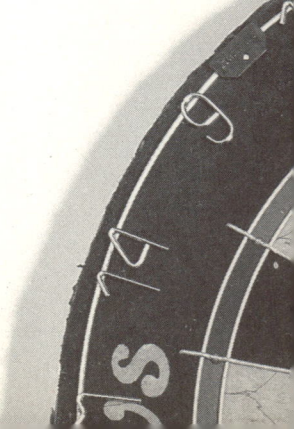

Vorwort

Nachdem die erste Neugierde geweckt wurde und Sie dieses Buch in Händen halten, wollen Sie vielleicht wissen, was es mit diesem Sport auf sich hat. Oder Sie sind schon von dem Bazillus Darts infiziert worden und brennen darauf, es bei diesem einfachen und doch so schweren Spiel mit den drei Pfeilen zu höchsten sportlichen Ehren zu bringen.

Wie auch immer, ob „just for fun" oder als erfahrener Turnierspieler, Darts spielt man von acht bis achtzig und unabhängig von Geschlecht und sozialer Herkunft mit dem gleichen Vergnügen. Dabei kann jeder für sich entscheiden, ob er als Leistungssportler von Turnier zu Turnier quer durch die ganze Bundesrepublik reist oder ob er lediglich zum Wochenendvergnügen seine Pfeile wirft. Nur eines sollten Sie nicht tun: unser Spiel mit dem Sisalboard mit dem Elektro-Automaten verwechseln, der mit Dartsport nun wirklich nichts gemein hat.

Bei Ihrer Meinungsfindung soll Ihnen dieses Buch helfen und zu allen Fragen über die verschiedenen Spiel- und Wettkampfregeln Auskunft geben. Mein besonderer Dank gilt dem Autor und Herausgeber dieses Buches, der in mühevoller Kleinarbeit über die Anfänge des Dartsports allgemein und in Deutschland im besonderen viel Wissenswertes zusammengetragen hat.

Es würde mich freuen, wenn die Lektüre dieses Buches Sie schon bald dazu anregen würde, einer der, wie ich meine, schönsten Leidenschaften der Welt zu frönen.

In diesem Sinne wünsche ich Ihnen viel Erfolg und grüße Sie mit einem herzlichen „Good Darts".

Deutscher Dartverband e.V.

Werner Proske
(DDV-Präsident)

Darts-Aspekte

Zur Geschichte

Die meisten Sportarten haben eine Geschichte, die beschreibt, wann und wie sie entstanden sind. Das Gros der athletischen Disziplinen basiert auf den Olympischen Spielen der Antike. Fußball kann bis zur Spielkultur Maya zurückverfolgt werden, die vor Hunderten von Jahren auf dem sogenannten „Ballspielplatz" in Chichén Itzá die Sieger ermittelten. Handball, Basketball und Volleyball, Tennis, Tischtennis und Badminton üben im wesentlichen seit dem letzten Jahrhundert ihre Faszination auf eine Vielzahl von Menschen aus. Brettspiele wie Schach und Dame erfanden die Araber, die meisten Kartenspiele hingegen Deutsche und Franzosen.

Beim Darts nun gehen die Meinungen der Aktiven und Offiziellen, der Autoren und Chronisten auseinander. So holt ein englischer Chronist bis zum vierhundertsten Jahrtausend vor Christus aus, da zur damaligen Zeit die ersten Speere auftauchten. Dann macht er einen Riesensprung und erzählt von Pfeil und Bogen, wie wir sie u. a. von den Indianern her kennen.

Und schließlich glaubt er zu wissen, daß die ersten Wurfpfeile fünfhundert Jahre vor unserer Zeitrechnung im Krieg Verwendung gefunden haben sollen. Ein anderer Autor bringt puritanische Pilgrim Fathers ins Spiel, die 1620 auf der Mayflower in die neue Welt fuhren. Seiner Meinung nach imitierten unterprivilegierte Arbeiter das Bogenschießen der höheren Klassen; ergo ordnet er Darts als „Arme-Leute-Sport" ein. Eine dritte Version kommt wiederum aus England und führt die Entstehung des Dartsports auf die Bogenschützen der Angelsachsen zurück, die um die Jahrtausendwende mit den Normannen Krieg führten, um ihr Land zu retten. In den Kampfpausen zerbrachen sie aus Langeweile ihre Pfeile und warfen mit deren Spitzen auf Weinfaßböden, was zumindest die runde Form unserer heutigen Dartscheiben erklärt. Leider ist auch von diesem Historiker nichts Näheres beispielsweise über die Einteilung des Boards in zwanzig Zahlenfelder mit dem Double- und dem Treblekreis zu erfahren.

Wahrscheinlich aber war es wie bei jeder anderen Sportart, die irgendwie und irgendwann einmal entstanden ist. Zuerst war es nur eine Idee gegen Langeweile oder um einen bestimmten Zweck zu erfüllen. Dann wurden Regeln aufgestellt, die das Ziel des Spiels und dessen Verlauf zum ersten Mal festlegten. Danach kamen immer wieder neue Variationen, Regeln und Spiele dazu, und die Verbreitung nahm ihren Lauf.

Trotz allem ist an jeder der oben aufgeführten Geschichten, mögen sie auch noch so abenteuerlich klingen, irgendetwas Wahres dran. Die genaue Entstehung des Dartsports aber wird wahrscheinlich immer ein Geheimnis bleiben und gibt ihm damit – wenn man will – etwas Mystisches.

Von wegen Kneipe

Kein Zweifel: Darts ist ein Kneipensport. Auf den britischen Inseln wird er in den Pubs, auf dem Kontinent meist in Wirtshäusern gespielt. Kein Wunder also, daß ihm der Zigarettenduft der großen weiten Welt und die gemeine Bierfahne in den Klamotten seines Images hängt. Doch dieser Eindruck ist falsch.

Sollten Sie einmal jemandem zuschauen, der unter Alkoholeinfluß Darts spielt, werden Sie bald wissen, warum Liga- und Turnierspieler nicht oder nur sehr begrenzt zum kühlen Bier greifen: der Blick wird getrübt, die Arme werden schwer und der Körper müde – nicht gerade die besten Voraussetzungen, um erfolgreich ein Spiel oder ein Turnier zu bestreiten. So mancher Spieler wurde bei Ligaspielen ausgewechselt, manch anderer von Turnieren ausgeschlossen, und es kam auch schon mal zu Turniersperren für einen bestimmten Zeitraum. Und das alles nur, um sich durch Alkohol die Nervosität zu vertreiben?

Natürlich gehört zu einem gemütlichen Spielabend auch einmal ein Glas Bier oder Wein, vielleicht auch mal ein „Beschleuniger", aber wenn die Grenzen zwischen Spiel und Gelage zu fließen beginnen, muß man sich für eins entscheiden; im Zweifel für das Spiel, denn beides zusammen verträgt sich nicht.

Darts: Ein Kneipensport

Sport oder Freizeitspaß?

Diese Frage beschäftigte nicht nur den Deutschen Sportbund, der bis zur Mitte des Jahres 1993 über die Aufnahme des Deutschen Dart-Verbandes (DDV) in seine Reihen in Klausur gegangen war. Nachdem die Dartsportler endlich dazugehörten, wurde der Berliner Dart-Verband als erster auch vom Landessportbund akzeptiert. Die übrigen Verbände mußten noch längere Zeit warten, bis auch sie die Vorzüge der Mitgliedschaft in dieser großen Organisation genießen konnten. Die am schwierigsten zu klärende Frage war, ob Darts nun ein „Kneipensport" oder ein ernstzunehmender Breitensport sei, der auch gesellschaftsrelevanten Charakter hat. Nach Auskunft des DDV spielten zur damaligen Zeit etwa 13 000 – in Kreis-, Bezirks-, Regional- und Oberligen – in den jeweiligen Vereinen und Landesverbänden organisierte Jugendliche, Frauen und Männer; von dem Gros der Hobbyspieler zu Hause ganz zu schweigen. Da mittlerweile in jedem dritten Haushalt ein Dartboard in Spielzimmern, Partykellern oder auf Terrassen hängt, kann man getrost von einer der beliebtesten Sportarten in Deutschland reden. Beliebt auch vielleicht deswegen, weil sie, wenn nicht zu Hause, in Pubs, Kneipen oder kleineren Gaststätten betrieben wird. Dort ist es leicht, den Abend in gemütlicher Atmosphäre mit seinen Teamkollegen zu verbringen, den gerade Spielenden zuzusehen und gleichzeitig einen Plausch zu halten. Und nicht zuletzt ist gerade dort die Chance am größten, den Sport dem interessierten Publikum näherzubringen.

Trotzdem haben es die Dartspieler geschafft, den Ruf des Darts als Sauf- und Rauchsport zu entschärfen. Auf den meisten Turnieren, zumindest auf Bundesebene, sind Alkoholika und Tabakwaren in den Spielstätten verpönt. Damit wurde Darts salonfähig für die deutschen Medien. Im Mutterland dieses Pfeilwurfspiels, in Großbritannien, ist es gang und gäbe, größere Turniere auf einem speziell dafür eingerichteten Fernsehkanal zu übertragen. Auch in Deutschland waren mittlerweile in solch populären Sportsendungen wie dem „Aktuellen Sportstudio" oder dem „Sport-Kalender" Berichte über den Dartsport zu sehen, und über Kabelprogramm kann man Zuschauer von hochklassigen Begegnungen auf internationaler Bühne sein. In Zeitungen werden immer öfter Berichte und Fotos von Dartveranstaltungen abgedruckt, und der Rundfunk sendet auch mal den Termin eines Turniers in einem Veranstaltungskalender. Ein Dartmagazin, das „Dart Echo", erscheint jeden Monat neu und ist voll von Informationen und Berichten, beispielsweise über die alljährlich stattfindenden Meisterschaften, über Turniere im Ausland, die aktuelle Welt- und Europarangliste sowie über das Neueste aus allen Ländern. Es werden die Ranglisten der diversen Landesverbände abgedruckt, Reportagen über Ländervergleiche der deutschen Nationalmannschaft kann man lesen und sich über Entscheidungen informieren, die der 1981 ins Leben gerufene Deutsche Dart-Verband getroffen hat.

All dies und noch vieles mehr läßt Darts eher als einen Sport denn „nur" als eine Freizeitbeschäftigung erscheinen, jedoch kommt es dabei auf die Perspektive des Betrachters an. Wer auf einer Party ein paar Darts wirft, wird kaum den sportlichen Ehrgeiz entwickeln, den ein Liga- oder Turnierspieler braucht, um das Maximum seines Könnens zu erreichen. Entscheiden Sie deshalb selbst, und haben Sie an diesem schönen Spiel so viel Spaß, wie Sie gerne haben möchten.

Wettkampfatmosphäre

Das Spiel

Wenden wir uns nun dem eigentlichen Spiel zu. Die Spielidee ist schnell umrissen: Das Dartboard (London Board) besteht aus 21 Feldern mit Segmenten unterschiedlicher Wertigkeit, auf die mit Pfeilen geworfen wird. Nun ist es eine Frage der Abmachung, wie man das Spiel gestaltet. So kann man eine Ausgangspunktzahl festlegen, die dann durch Treffen der Felder und Segmente auf Null gebracht werden muß. Umgekehrt ist es möglich, bei Null zu beginnen und eine bestimmte Punktzahl, zu erreichen auf einem bestimmten Weg, festzulegen. Daneben und dazwischen ist alles möglich.

Darts ist nur sehr schwer mit einer anderen Sportart zu vergleichen. Die hierzulande bekanntesten, beispielsweise Fußball, Handball oder Tennis, bieten den Spielern stets die Möglichkeit der direkten Einflußnahme auf den Gegner und dessen Aktionen. Beim Fußball versucht man durch intensives Forechecking, dem Opponenten das Eindringen in den Strafraum oder das Schießen aus der zweiten Reihe zu erschweren oder sogar unmöglich zu machen. Beim Billard – zum Kontrast – kann man beim letzten Stoß zumindest eine für den Gegner schwierig zu spielende Lage der Bälle hinterlassen.

Dartspielen hingegen ist weder ein Kontaktsport noch ist es den Akteuren gestattet, den Gegner während des Wurfes anzusprechen oder durch irgendwelche Gesten aus seinem Spielrhythmus zu bringen. Jeder kann also ungestört seiner eigenen Strategie und Taktik folgen. Dem Gegner bleibt „nur", durch gute Leistungen zu beeindrucken. Nach der Lektüre dieses Buches werden Sie feststellen, daß es nur zwei Möglichkeiten gibt, warum Sie ein Spiel verlieren können.

1. Sie beherrschen Technik und Taktik nicht oder nur unzureichend.

2. Sie beherrschen Technik und Taktik, haben aber Ihre Psyche nicht im Griff. Glück und Pech sollten Sie zur Erklärung aber nicht heranziehen. Überlassen Sie das Ihren Gegnern.

Sie können jahrelang an Ihrem Board im Keller spielen, ohne je eine richtige Chance zu haben, ein offizielles Spiel zu gewinnen. Sie sind ganz einfach gewohnt, ohne Gegner zu spielen, und somit immer der Gewinner. Damit gehören Sie nach einer Weile zur Gruppe der sogenannten Trainingsweltmeister, denen es gelingt, unter Druck (gegen einen Gegner) so schlecht zu spielen, wie sie es noch nicht einmal im eigenen Keller geschafft haben. Es fehlt die richtige Abgeklärtheit, die Erfahrung eines oder mehrerer Wettkämpfe. Wenn Ihnen ein guter Spieler erzählen will,

11

Den Erfolg hat jeder Dartspieler selbst in der Hand

er habe schon immer so stark gespielt, glauben Sie ihm kein Wort. Wem beim ersten Spiel gegen einen anderen Darter nicht die Knie geschlottert haben, hatte entweder einen schwachen Gegner oder war in einer so traumhaften Form, daß vor lauter Euphorie gar keine Zeit blieb, nervös zu werden. Denn wer einen schlechten Lauf hat, der wird an jedem noch so leise hinter seinem Rücken gesprochenen Wort Anstoß nehmen, die Musik ist ihm zu laut und jeder Kommentar eines Gegners wird als eine persönliche Beleidigung empfunden. Ganz anders der erfolgreiche Gegenspieler: Er scherzt, ist gut aufgelegt, und jeder Dart scheint ein Volltreffer zu sein. Sollten Sie den Eindruck haben, Dartspielen hätten Sie noch nie gekonnt und würden es auch nie mehr lernen, denken Sie daran, daß Sie mit jedem geworfenen Dart mehr Spielpraxis bekommen. Nach einer Weile werden Sie merken, wie Ihr Nervenkostüm stabil wird, wie Sie immer sicherer scoren und checken und wie stolz Sie sind, wenn Sie Ihr erstes schweres Spiel sicher gemeistert haben. Bis dahin sollten Sie jede Niederlage auch als Sieg verstehen, denn Sie lernen stets dazu. Bleiben Sie also auch dann immer Sportsmann oder Sportsfrau. Und vergessen Sie nie: Teilerfolge sind auch Erfolge!

Vorsicht

Selbst wenn Sie auf dem besten Wege sind, ein guter Dartspieler zu werden, denken Sie bitte immer daran, daß ein Dart eine Waffe sein kann. Zielen Sie deswegen niemals mit einem oder gar mehreren Darts auf Ihre Mitmenschen oder Tiere, und lassen Sie sich schon gar nicht dazu hinreißen, nach ihnen zu werfen. Auch wenn Sie, ohne Absicht, jemanden zu verletzen, einem Mitspieler einen Dart vor die Füße werfen, könnten Sie dennoch treffen und der Dart in dessen Fuß oder Bein steckenbleiben. Wie die Erfahrung zeigt, werden mit Darts auch andere „böse Spielchen" gespielt, beispielsweise wenn besonders witzige Profilneurotiker Darts auf das Board werfen, während deren Mitspieler gerade dabei sind, ihre Darts herauszuziehen. Mag es auch ein großer Reiz sein, seine Zielsicherheit zum Besten zu geben, so erfüllt es andererseits den Vorsatz der Körperverletzung, der gerichtlich geahndet werden kann. Außerdem sollten Sie daran denken, daß Ihre Versicherung genau wissen will, wie es zu einem Unfall kommen konnte. Da auch Sie beim Spielen nicht verletzt werden möchten, gehen Sie mit gutem Beispiel voran, und weisen Sie Ihre Mitspieler auf die eventuellen Folgen hin. Es ist nicht nur gefährlich, sondern auch unsportlich, jemanden auch nur spaßeshalber mit einem Dart zu bedrohen. Achten Sie deshalb darauf, daß mit den Darts kein Unfug betrieben wird.
Zum Stichwort Unfug fällt einem auch gleich das Thema Kinder ein. Sicherlich liegt es nahe, den Kindern auch einmal das Vergnügen des Dartspielens zu gönnen. Dabei gibt es jedoch viele Dinge, die Sie beachten sollten. Weisen Sie bitte Ihre Kinder so ein, daß sie, bis die Darts im Board stecken oder herunterfallen, hinter der Stand-

leiste stehen bleiben, daß sie ohne Aufsicht der Eltern oder eines anderen Erwachsenen nicht mit den Darts werfen oder auch nur herumhantieren und daß die Darts, die von den Kindern allein nicht aus dem Board gezogen werden können, beispielsweise weil sie zu hoch oder zu fest stecken, von einem Erwachsenen gesichert werden. Es ist schon öfter zu Unfällen gekommen, weil die Darts dann herunterfielen und die Kinder verletzten. Es gibt selbstverständlich Möglichkeiten, um all das von vornherein zu verhindern. Schenken Sie Ihren Kindern sogenannte Softdarts, die mit Plastikspitzen versehen sind und in der Regel von Elektro-Dartspielern benutzt werden, oder hängen Sie die Scheibe für die Kinder so tief, daß nichts passieren kann (trotzdem aufpassen!). Dartspielen ist nicht gefährlich – wenn Sie sich an bestimmte Regeln halten. Seien Sie deshalb so vernünftig, und schließen Sie jedwedes Unfallrisiko von vornherein aus.

Muskelkater

Dartspielen und Muskelkater? Das kann man sich in Verbindung nur schwer vorstellen. Und dennoch: Jeder, der sich schon einmal über längere Zeit mit den Pfeilen und dem Brett auseinandergesetzt hat, kennt dieses Phänomen. Wenn Sie einer jener Spieler sind, die sich nur gelegentlich vor das Board stellen und eins, zwei Stunden werfen, kann dies schon dazu führen, daß Sie ein leichtes Ziehen im Oberarm verspüren. Fangen Sie aber an, richtig zu trainieren und stehen deshalb länger an der Scheibe, spielen konsequenter und konzentrierter, bleibt es nicht bei einem leichten Ziehen, sondern es wächst sich zu einem richtigen Muskelkater aus. Die Oberarme, Waden und Füße sowie der Rücken fühlen sich an, als hätten Sie Stunden im Fitneßzentrum zugebracht. Das macht es natürlich nicht leicht, die Lust zu einer neuen Trainingsstunde aufzubringen. Aber genau das sollten Sie dann tun. Nehmen Sie Ihre Darts, und werfen Sie munter drauflos. Es wird zwar zu Beginn ein wenig zwicken, aber nach einer Weile, wenn die Muskulatur sich wieder erwärmt hat, werden Sie – was man im übrigen durch eine zweckmäßige (funktionelle) Gymnastik gezielt beschleunigen kann und sollte -, kaum noch etwas spüren und wieder Spaß haben.

Was man alles braucht

Das Errichten einer Dart-Anlage

Damit Sie auch zu Hause ohne Probleme Ihrem neuen Hobby frönen können, sollten Sie sich Ihre eigene Dart-Anlage bauen. Deren zentraler Bestandteil ist selbstverständlich das Board. Achten Sie beim Kauf darauf, daß Sie ein zugelassenes Liga- oder Turnierboard erwerben. Das Board montieren Sie nun an einer senkrechten Wand so, daß sich dessen Mittelpunkt, das Bullseye, in einer Höhe von 173 cm vom Boden befindet. Befestigen Sie die Scheibe mit Hilfe des mitgelieferten Materials (Halter, Schrauben und Gummipuffer), und zentrieren Sie sie so, daß ein schwarzes Feld, markiert mit der Zahl des Feldes 20 des außenliegenden Zahlenringes, genau nach oben zeigt.

Um den korrekten Abstand zum Board zu definieren, montieren Sie eine Standleiste auf dem Boden, und zwar mit der dem Board abgewandten Seite in einer Entfernung von 237 cm zur Spielfläche der Scheibe. Nach den Regeln der Dart-Verbände ist die Standleiste 61 cm lang und

Eine gelungene Dart-Anlage

38 bis 50 mm hoch. Sie besteht entweder aus einem Holz- oder Aluvierkant, mit ausreichend langen Schrauben befestigt, deren Köpfe wegen der Verletzungsgefahr in das Material versenkt werden müssen. Wer keine Löcher in seinen Boden bohren will, sollte sich eine im Fachhandel erhältliche und mit Markierungen der Originalabstände versehene Gummiplanche zulegen oder die Abwurfposition mit ausreichend Pflaster markieren. Wenn Sie die Korrektheit Ihrer Bemühungen noch einmal kontrollieren möchten, messen Sie die Diagonale

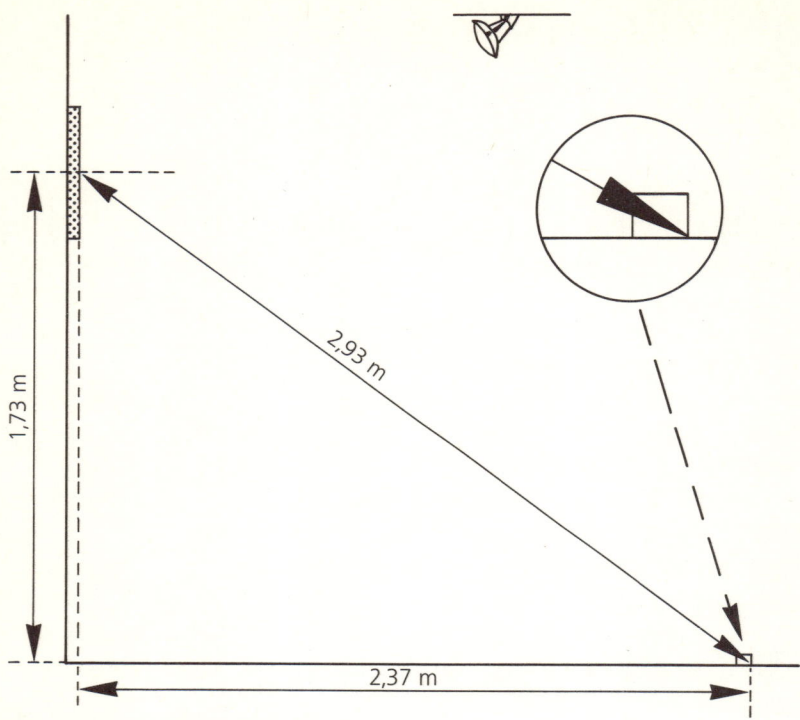

1,73 m

2,93 m

2,37 m

Korrekte Abmessungen einer Dart-Anlage

vom Bullseye bis zur Rückseite der Standleiste wie die Zeichnung oben zeigt. Ist diese Entfernung größer als 293 cm, schauen Sie zuerst nach, ob Ihr Fußboden zur Wand hin ansteigt oder abfällt. Sollte das der Fall sein, und die Höhe des Boards ist eindeutig richtig, messen Sie mit Hilfe des Bandmaßes oder einer 293 cm langen Schnur über die Diagonale erneut den Abstand zum Board nach. Es empfiehlt sich ohnehin immer, vor den Bohrungen für die Standleiste sämtliche Maße noch

einmal zu kontrollieren und dann dementsprechend zu korrigieren. Nachdem Board und Standleiste montiert sind, befestigen Sie an der Decke mindestens einen, möglichst aber zwei Spots, die zusammen mindestens 100 Watt Lichtleistung garantieren und nicht weiter als 150 cm von der Scheibe entfernt sind. Richten Sie die Lichtkegel so auf das Board, daß ein zur Kontrolle gesetzter Dart keine Schatten wirft und jeder Punkt auf der Scheibe ausreichend beleuchtet ist.

Um ein ungetrübtes Spielvergnügen zu gewährleisten, sollten Sie die Strahler etwa 20 cm höher als das Board hängen. Es wäre schade um die Birne, wenn Sie gleich mit dem ersten Dart die Lampe abschießen würden.

Das Dartboard

Das in Deutschland in der Regel verwendete Board ist das London Board (Typ Bristle). Es muß für den Turnier- und Ligabetrieb vom DDV anerkannt und zugelassen sein. Es ist in zwanzig Felder unterteilt, die ihrerseits aus Single- (geworfene Zahl zählt einfach), Double- (geworfene Zahl zählt doppelt) und Treblesegmenten (geworfene Zahl zählt dreifach) bestehen. Die Reihenfolge der Felder wurde willkürlich festgelegt, ist jedoch immer so, wie das Foto auf Seite 18 zeigt. Die kreisrunde Mitte ist der Bull, dessen äußerer Ring Single (25 Punkte) und dessen Zentrum Double (50 Punkte) zählt. Die Felder des Boards werden vom Doublering umschlossen und vom Treblekreis durchzogen. Die einzelnen Segmente sind farbig markiert und verdeutlichen damit die unterschiedliche Wertigkeit. In einem Feld sind die Double- und Treblesegmente von gleicher Farbe (rot oder grün), die Singlesegmente sind schwarz oder weiß und unterscheiden sich damit

Im Vordergrund das offizielle Wettkampfboard (London Board), dahinter ein Quadro Board, bei dem der innerste Ring vierfach zählt

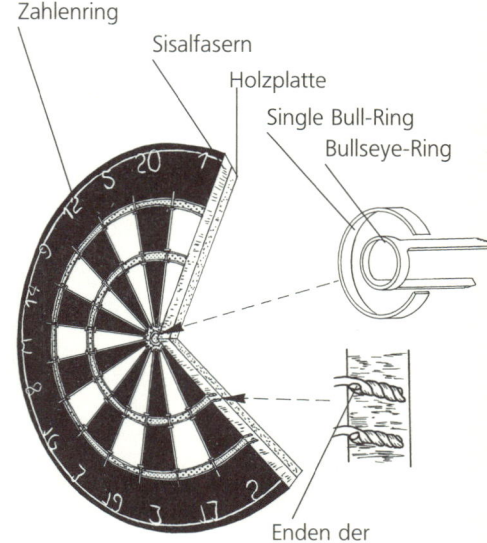

Zahlenring
Sisalfasern
Holzplatte
Single Bull-Ring
Bullseye-Ring

Enden der
Double- und Treble-Ringe verdreht und dadurch im Sisal verankert

Innenleben eines Dartboards

sowohl von den mehrfach zählenden Segmenten wie auch von dem jeweiligen Nachbarfeld. Die Treble- und Doublesegmente sind 8 mm breit, die Entfernung vom äußeren Doublering zum Bullseye beträgt 170 mm, die Entfernung vom äußeren Treblering zum Bullseye 117 mm. Das Bullseye hat einen Durchmesser von 12,7 mm und der gesamte Bull 31 mm.
Das Originalboard besteht aus afrikanischem Sisal, das unter Dartspielern gerne „Schweineborste" genannt wird. Es ist etwa 40 mm dick und an der Rückseite mit einer stabilen Preßspanplatte verstärkt. Wenn Sie oft spielen, sollten Sie durch Drehen der Scheibe

und Nachkorrigieren des Zahlenringes dafür sorgen, daß die Felder, besonders die 20 und die 19, durch Dauerbeschuß nicht gänzlich ausfransen, sondern möglichst gleichmäßig abgenutzt werden. Vermeiden Sie, daß das Board mit Feuchtigkeit in Berührung kommt; es wird beim Trocknen steinhart, und ab und zu entstehen an den stark frequentierten Segmenten walnußgroße Beulen, die sich nicht mehr beseitigen lassen. Außerdem haben Sie an Ihrem Dartboard garantiert länger Freude, wenn Sie es nur mit wohlgespitzten Darts bewerfen. Verwenden Sie deshalb auch keine Darts, die eine abgeflachte Plastikspitze haben,

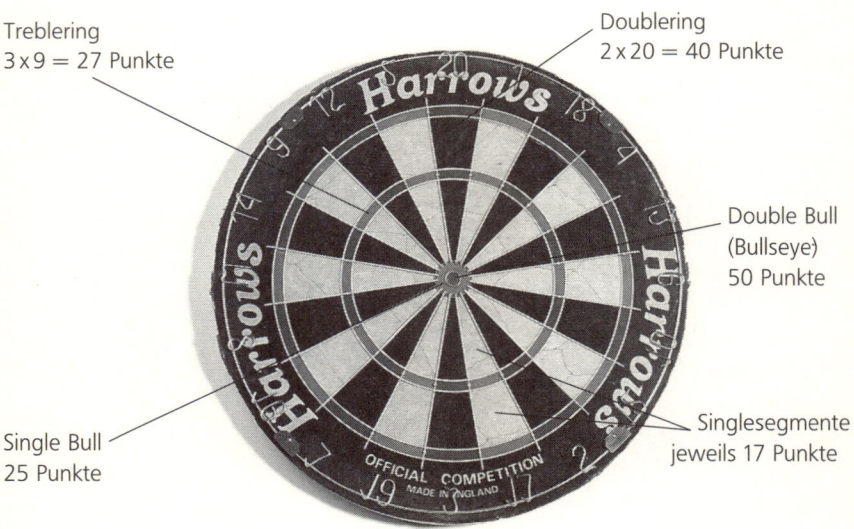

Treblering
3 x 9 = 27 Punkte

Doublering
2 x 20 = 40 Punkte

Double Bull
(Bullseye)
50 Punkte

Single Bull
25 Punkte

Singlesegmente
jeweils 17 Punkte

Das Original London Board

wie beispielsweise die Pfeile für das Elektro-Dartspiel. Tun Sie dem Board etwas Gutes, indem Sie harte Würfe im Stile eines Baseballspielers unterlassen. Zu guter Letzt ist es immer von Vorteil, wenn Sie, für die Dauer der kalten Monate, dem Board statt einer feuchten Terrasse einen warmen Kellerplatz als Lagerstätte bieten – sofern Sie nicht ohnehin schon das ganze Jahr auf der eigenen Anlage in Ihrer Wohnung spielen.

Segmente und Werte

Viele denken, beim Dartspielen werfe man nur auf die Mitte, weil es
1. ohnehin der Sinn des Spiels sei und
2. die höchste Punktzahl einbringe.
Aber, aber! Der ursprüngliche Sinn des Spiels ist es, Spaß zu haben. Und außerdem gibt es vor dem Bullseye auf dem London Board immerhin noch vier Segmente, die eine höhere Punktzahl einbringen. Damit Sie wissen, um welche es sich handelt, sind sie in der Tabelle unten zusammen mit dem Wert sämtlicher Segmente aufgeführt.

Welche Punktzahl durch welches Segment

Punkte	Segmente	Punkte	Segmente	Punkte	Segmente
1	S1	16	S16, D8	34	D17
2	S2, D1	17	S17	36	D18, T12
3	S3, T1	18	S18, D9, T6	38	D19
4	S4, D2	19	S19	39	T13
5	S5	20	S20, D10	40	D20
6	S6, D3, T2	21	T7	42	T14
7	S7	22	D11	45	T15
8	S8, D4	24	D12, T8	48	T16
9	S9, T3	25	S25 (Little Bull)	50	D25 (Bullseye)
10	S10, D5	26	D13	51	T17
11	S11	27	T9	54	T18
12	S12, D6, T4	28	D14	57	T19
13	S13	30	D15, T10	60	T20
14	S14, D7	32	D16		
15	S15, T5	33	T11		

T	= Treble	=	dreifach zählendes Feld
D	= Double	=	doppelt zählendes Feld
S	= Single	=	einfach zählendes Feld

Der Dart

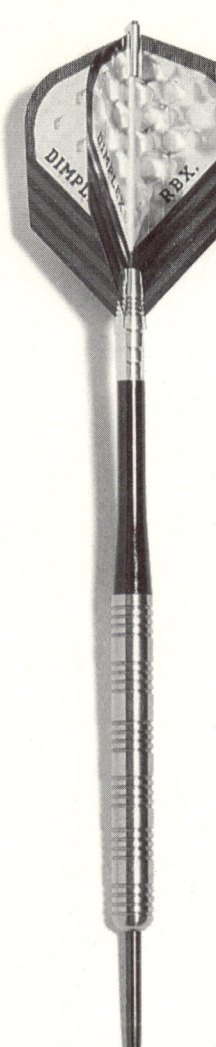

Das Top (Flightschoner) schützt den Flight vor den Spitzen der nachfolgenden Darts.

Der Flight ist der Stabilisator des Darts. Ein Luftkissen, das sich unter dem Flight während des Fluges aufbaut, vermeidet, daß der Dart zu hecklastig wird und absackt.

Der Shaft hält den Flight und zentriert ihn.

Die meisten Dartkörper sind aus Legierungen gefertigt, die Rostbeständigkeit und eine hohe Bruchfestigkeit garantieren. Durch die Verwendung von Werkstoffen wie beispielsweise Wolfram (engl. Tungsten) bleibt der Dart dank deren hohen spezifischen Gewichts schlank und kann somit leicht gehalten und geworfen werden. Um den Griff am Dart zu optimieren, ist die Oberfläche mancher Darts gerändelt.

Die Spitze wird in den konisch ausgeformten Vorderkörper des Darts getrieben und hat dadurch optimalen Halt. Sie besteht aus rostfreiem Stahl und kann bei Bedarf vom Fachmann ausgewechselt werden.

Die Auswahl der Darts

Wenn Sie sich entscheiden sollten,
öfter dem Dartsport zu frönen, sollten
Sie sich unbedingt eigene Darts zulegen. Darts bestehen aus mehreren
Komponenten: dem Dartkörper (engl.
Barrel), dem Schaft (engl. Shaft), dem
Stabilisator (engl. Flight) und der Spitze (engl. Point). Einzig und allein der
Körper des Darts unterliegt Bestim-
mungen, die der Deutsche Dart-Verband von der BDO, der Britischen
Dartorganisation, übernommen hat.
Ihnen folgend sind nur Darts bis zu
einer Gesamtlänge von 30,5 cm und
bis zu einem Gesamtgewicht von
50 g zu offiziellen Spielen zugelassen.
Vor allem aufgrund dieser Regeln
stellt die Dartindustrie auch nur solche
Darts her. Vor Eigenbauten, sprich
selbstgedrehten Barrels, ist aber kein
Verband sicher. Die kürzesten Darts,
die ich je gesehen habe, hatten eine
Länge von nur 2 cm und ein Gewicht
von gerade mal 3 g und sind von
dem Werfer bei einem kleinen Turnier
durchaus erfolgreich eingesetzt worden. Den Vogel abgeschossen hat bislang allerdings ein Brite mit Namen
Joe Hitchcock, der in den 40er Jahren
mit 10 cm langen Nägeln und Strick-
nadeln warf. Dabei war er so erfolgreich, daß er reichlich Nachahmer
fand, daß sogar ein Weltverband für
Nägelwerfer, die „World Association of
Nail Throwers" (kurz: WANT) gegrün-

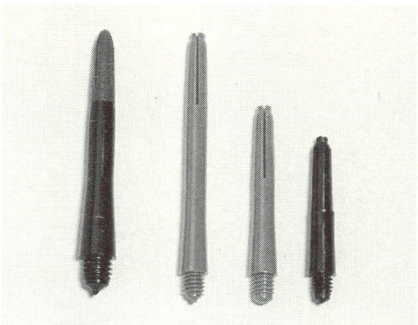

Verschiedene Shafts

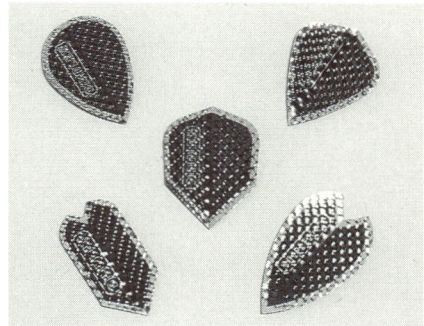

Fünf Formen Flights

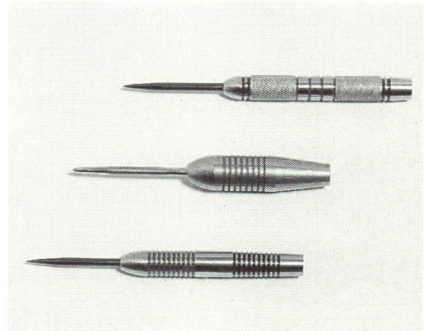

*Barrel: Aalform (o.), Eiform (M.),
Torpedoform (u.)*

det wurde, der immerhin Weltmeisterschaften ausrichtet.

Nun aber zu den Spezifikationen der Dartkörper. Bei den Darts unterscheidet man drei Formen:

1. Zylinder- oder Aalform mit gleichmäßig verteiltem Gewicht und einem sich in der Mitte des Barrels befindlichen Schwerpunkt,

2. Ellipsen- oder Eiform mit gleichen Eigenschaften, aber stark gestauchtem Körper,

3. Konus- oder Torpedoform mit einem sich im vorderen Drittel des Barrels befindlichen Schwerpunkt.

Die Vor- oder Nachteile der drei Formen müssen Sie für sich selbst herausfinden, beispielsweise indem Sie mit unterschiedlichen Darts gleichen Gewichts ausprobieren und sich davon überzeugen, welche Form für Ihren Wurfstil am besten geeignet ist. Ich empfehle Ihnen, sich zwischen den beiden gebräuchlichsten Formen, nämlich 1. und 3. zu entscheiden. Zum einen sind sie wesentlich handlicher und zum anderen sind ihre Flugeigenschaften bei weitem besser als die der Ellipsen- oder Eiform.

Hergestellt werden Darts aus unterschiedlichen Materialien. Am häufigsten sind Wurfpfeile aus Messing (engl. Brass) oder aus verschiedenen Legierungen, zum Beispiel Nickel mit Wolfram (engl. Nickel Tungsten) oder Silber mit Wolfram (engl. Silver Tungsten). Diese Legierungen gibt es zudem in unterschiedlichen Mischverhältnissen, wodurch bei verschiedenen Formen und Gewichten abweichende (Flug-)Eigenschaften resultieren. Die Spitze wird in die konische Ausformung des Barrels getrieben und sitzt

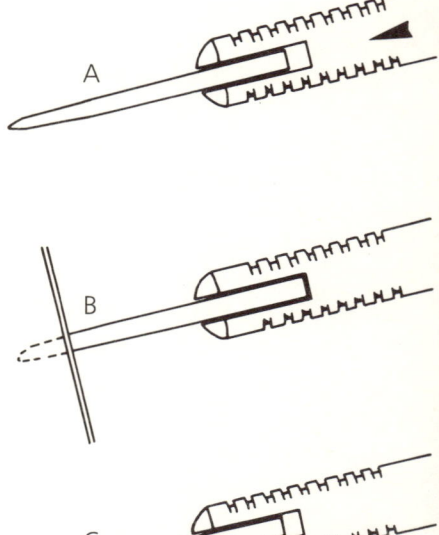

Prinzip des Hammerheads: Im Anflug auf das Board besteht ein Abstand zwischen Spitze und Barrel (A). Beim Auftreffen auf das Board wird die Spitze zuerst gebremst, das Barrel schlägt wie ein Hammer auf den Kopf der Spitze (B). Durch das Herausziehen des Pfeiles wird der Ausgangszustand wieder hergestellt (C)

dort äußerst fest. Wenn sie abgenutzt oder auch nur minimal verbogen ist, empfiehlt es sich, einen Fachmann zu konsultieren, der mit einer Spezialvorrichtung die Spitze austauschen kann. Mittlerweile sind auch die sogenannten Hammerheads zugelassen, das sind Darts mit beweglicher Spitze, die sich zusammen mit einer Feder in einer speziellen Ausformung im Vorderkörper des Darts befindet und beim Aufprall durch den Barrel einen zusätzlichen Schlag versetzt bekommt. Auf diese Weise kann der Dart, selbst wenn er den Draht trifft, sicher am Board plaziert werden.

Die Dartindustrie gibt sich viel Mühe, dem Spieler einen optimalen Halt am Dart zu gewährleisten. Es gibt gerillte Versionen, geriffelte oder gerändelte. Manche sind mit Noppen versehen, die es den Spielern ermöglichen, selbst bei tropfnassen Fingern einen guten Griff zu finden. Aber Vorsicht: Bei einer kleinen Veränderung der gewohnten Haltung kann der Pfeil sehr stark von der Zielrichtung abweichen. Es bedeutet für Sie also vor allem einen höheren Aufwand, sich an solch exotische Darts zu gewöhnen. Die Preise der angebotenen Darts variieren zum Teil sehr stark, und viele Spieler denken, je teurer desto besser. Aber so einfach ist das nicht. Mittlerweile gibt es Spitzenmaterial für einen Preis unter DM 40,—, andererseits bieten Händler auch Darts für über DM 100,— an, ohne daß dieser Preis gerechtfertigt wäre. Bei den meisten dieser Luxus-Darts zahlt man den Namen des Herstellers gleich mit. Falls Sie noch ein Darter ohne eigene Darts sind, empfehle ich Ihnen den Gang in das nächste Fachgeschäft. Achten Sie darauf, daß der Händler Ihnen die Möglichkeit gibt, die Darts vor Ort auszuprobieren. Besteht diese Möglichkeit nicht, wie zum Beispiel in größeren Warenhäusern, verlangen Sie beim Kauf volles Umtauschrecht.

Bekleidung

Man kann sich beim Darts anziehen, wie man will, zumindest gibt es keinerlei offizielle Auflagen für Ligaspieler. Turnierspielern hat der DDV, der die Regeln der BDO anerkennt und bis auf wenige Ausnahmen übernommen hat, zur Auflage gemacht, sich für Bühnenspiele angemessen zu kleiden. Das bedeutet, daß bis auf aufgedruckte Werbung für beispielsweise Drogen oder Kraftausdrücke alles erlaubt ist, solange es sich in ordentlichem und sauberem Zustand befindet. Eine Kopfbedeckung wird als überflüssig betrachtet, und auch das Tragen von Walkmen-Kopfhörern jedweder Art ist während eines Turniers verpönt. Wer trotzdem meint, ohne diese

Dart-Hemd

schaften tragen Hemden gleichen Designs, um damit Ihre Zusammengehörigkeit zu demonstrieren.

Bei dem Besuch eines größeren Turniers werden Sie feststellen, daß viele Spieler solche Oberbekleidung tragen, um auch von ihren Mitstreitern gleich mit Namen angeredet werden zu können. Achten Sie einmal darauf: Es entsteht sofort ein Gefühl, als wären Sie schon immer dabei gewesen.

Dinge nicht auszukommen, kann unter Umständen vom Turnierverlauf ausgeschlossen werden.

Sonst aber ist erlaubt, was gefällt. Es gibt T-Shirts, Sweat-Shirts, Hemden und sogar Krawatten mit Dartmotiven in allen möglichen Farben und Variationen. Sehr beliebt sind zweifarbige Darthemden, die großzügig geschnitten sind, um dem Spieler eine möglichst große Bewegungsfreiheit zu geben, und auf denen Namen-, Vereins- und Sponsorenembleme Platz haben. Sie haben große Brusttaschen, in denen sich Ersatzteile für Darts oder andere Dinge bequem verstauen lassen. Diese Hemden können Sie im Dart-Zubehör-Handel erwerben, wobei, bei Bedarf, die gewünschten Aufschriften meist sofort aufgebügelt werden. Viele Vereine oder Mann-

Dart-Zubehör

Aus welchen Teilen ein Dart zusammengesetzt wird, haben Sie bereits erfahren. Nun sollten Sie aber auch wissen, was es alles gibt, um die Darts zu pflegen. Zum Transport der Darts genügt eigentlich die beim Kauf miterworbene Tasche. Deren Nachteil besteht jedoch darin, daß Sie jedes Mal die Flights vom Shaft trennen, sie falten und in die Fronttasche stecken müssen. Sie werden dadurch brüchig und insgesamt zu weich. Um Abhilfe zu schaffen, besorgen Sie sich ein sogenanntes Dartcase, das es in verschiedenen Designs gibt. In manchen dieser Cases können Sie die Darts transportieren, ohne sie vorher in ihre Einzelteile zerlegen zu müssen, in anderen wiederum können Sie ohne Probleme Ersatzteile sowie ein Paar Ersatzdarts unterbringen.

Außerdem erhalten Sie in den Zubehörläden verschiedene Spitzer, sogenannte Pointsharpener, die es als Rolle (einzeln oder als Anhängsel eines Schlüsselringes) oder in flacher Form gibt. Beide haben allerdings den Nachteil, daß durch die grobe Körnung die Spitzen der Darts regelrecht abgeraspelt werden. Deshalb ist es ratsam, zum Spitzen ein feinkörniges Schmirgelpapier zu verwenden, das Sie in jedem Kfz-Zubehör- oder Bastelladen erwerben können. Achten Sie dann beim Benutzen des Papiers auf die korrekte Anwendung: Schmirgeln Sie zuerst die Spitze, indem Sie den Dart um die Längsachse drehen, bis sie die gewünschte Form hat, und polieren Sie nachher die Spitze in Längsrichtung (vom Barrel zur Spitze), damit nicht durch Riefen beim Herausziehen der Darts das Board beschädigt wird. Wer Wert darauf legt, kann sich an weiteren Kleinigkeiten erfreuen, beispielsweise am sogenannten Wachsbutton, der den Fingern zum optimalen Griff am Dart verhelfen soll. Wenn Sie allerdings Geld sparen wollen,

Im Holzcase (l.) können Darts komplett transportiert werden. Rechts ein Case aus Nylon mit Zubehörtaschen, in der Mitte ein Pointsharpener

reicht auch ein Stück Kreide oder ein Fettstift. Außerdem gibt es noch Anstecknadeln mit Dartmotiven, und – man höre und staune – Krawatten mit „Good Darts"- oder „Unlucky"-Aufdruck – Dinge also, ohne die der durchschnittliche Dartspieler niemals wird auskommen können. Und wo es das alles gibt? Natürlich im Dartladen um die Ecke oder im Katalog eines Dart-Zubehörhandels (Adressen hat der nächste Dartklub parat).

Versicherung

Da man niemals ausschließen kann, daß selbst bei größten Vorsichtsmaßnahmen einmal etwas passiert, sollten Sie sich vergewissern, daß Sie ausreichend versichert sind. Für Ihre Spielabende in Ihren eigenen Räumen ist eine sogenannte private Haftpflichtversicherung vollkommen ausreichend.

Bei einem offiziellen Ligaspiel sind Sie zugleich bei Ihrem jeweiligen Landesverband mitversichert, was auch für den Weg zwischen den Spielorten gilt. Wenn Sie als aktiver Spieler jedoch des öfteren Mitspieler zu einem Turnier oder Ligaspiel mitnehmen, rate ich Ihnen zu einer zusätzlichen Insassen-Versicherung.

Haben Sie sich für die Gründung eines eigenen Vereins entschieden, sollten Sie sich bei einer beliebigen Anstalt ausreichend versichern. Dafür gibt es Sondertarife, die sich leicht durch den Mitgliedsbeitrag der Klubmitglieder finanzieren lassen. Außerdem sollte der Wirt Ihres Spielortes gegen irgendwelche Vorkommnisse vorbeugen und seine schon vorhandenen Versicherungen erweitern. Damit haben Sie alles getan, um eventuelle größere finanzielle Schäden abpuffern zu können.

Technik

Ballistik

Um das Flugverhalten eines Darts zu verstehen, muß man sich vor Augen halten, daß jeder Dart, egal welchen Gewichts und welcher Form, den gleichen ballistischen Gesetzen unterliegt. Die Flugbahn eines Körpers ist immer die seines Schwerpunktes. Um einen Dart optimal zu werfen, muß man ihn also in Höhe seines Schwerpunktes halten. Doch wie findet man ihn? Auf alle Fälle liegt der Schwerpunkt eines Darts, also eines symmetrischen Körpers, auf seiner Längsachse, der Symmetrielinie. Um den genauen Punkt herauszufinden, legen Sie den Dart quer über Ihren Zeigefinger und bringen ihn ins Gleichgewicht. Dort, wo er auf Ihrem Finger aufliegt, befindet sich sein Schwerpunkt. Er ist abhängig von der Länge des Shafts, der Größe des Flights und natürlich auch von der Länge der Spitze. Hier gilt das Gesetz der Kräfte: Last x Lastarm = Kraft x Kraftarm. Wenn sich beispielsweise die Länge des Shafts ändert (kürzer oder länger) und auf der gegenüberliegenden Seite kein Ausgleich geschaffen wird, verschiebt sich der

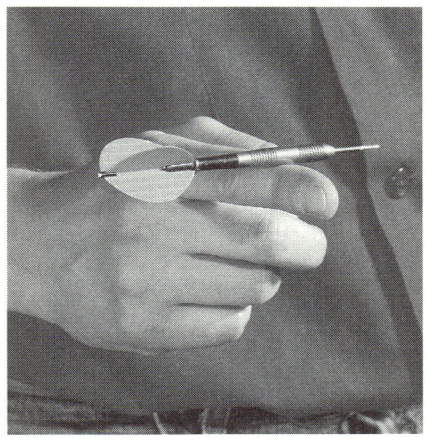

Den Schwerpunkt des Darts finden

Schwerpunkt des Darts (nach hinten oder vorn). Dadurch ergibt sich ein völlig verändertes Flugverhalten, auf das Sie sich dann einstellen müssen. Der Flug des Darts ist vergleichbar mit dem Abschuß eines Pfeils von der Sehne eines Sportbogens: Der Pfeil ist scheinbar von Anfang an stabil und fliegt kerzengerade auf sein Ziel zu. Was aber nicht stimmt. Wenn der Pfeil die Sehne verlassen hat, ist er alles andere als stabil, vielmehr gleichen seine Bewegungen denen einer Schlange. Man nennt dies die Phase des Stabilisierens. Je kräftiger der

Schuß ist, um so schneller kann sich der Pfeil stabilisieren, und der Schaft kann die Spitze durch seine Schwingungen nicht aus der Bahn bringen. Das gleiche gilt für den Dart. Je exakter und kräftiger der Wurf durchgeführt wird, um so größer ist die Chance, das anvisierte Feld zu treffen. Versuchen Sie nun einmal, den Dart mit dem Flight nach vorn auf das Board zu werfen. Sie werden feststellen, daß sich der Dart dreht und mit der Spitze auf die Boardoberfläche trifft. Der Grund: Bei der Beschleunigung eines Körpers wirkt die nach außen gerichtete Fliehkraft, die sogenannte Zentrifugalkraft. Sie bewirkt, daß der Dart mit seiner schwersten Seite, also der dem Schwerpunkt am nächsten, nach vorn seinem Ziel entgegenfliegt. Ob der Dart gleich steckenbleibt, wird sich erst herausstellen. Da er sich erst in der Luft drehen muß, entscheidet auch der Abstand zum Board. Wenn Sie bei einem Mißerfolg ein bis zwei Schritte zurückgehen, steigen die Chancen.

Lösen Sie nun einmal den Flight vom Shaft und werfen den Dart auf das Board. Sie werden merken, daß jetzt sein Flug instabil ist. Das liegt daran, daß der Flight für den Auftrieb des Darts verantwortlich ist. Dabei wirkt das gleiche Prinzip wie bei einem Flugzeugflügel. Auf der oberen Fläche des Flights entsteht ein minimaler Sog,

unter dem Flight baut sich ein Luftkissen auf. Beide verhindern, daß der Dart hinten absackt. Achten Sie aber immer darauf, daß die Flügel des Flights rechtwinklig zueinander stehen. Nur so ist ein optimales Flugverhalten gewährleistet.

Werfen

Um erfolgreich Darts werfen zu können, sollten Sie sich eine individuelle, für Sie optimale Technik aneignen. Die offiziellen Verbände haben hier keine Regeln vorgeschrieben, so daß Sie sich frei entfalten können. Allerdings haben sich im Laufe der Entwicklung einige wichtige technische Grundlagen herauskristallisiert, die für das Gelingen unerläßlich sind. Unterteilt wird der Wurfvorgang in drei Phasen:
1. Fußstellung und Körperhaltung,
2. Arm-, Hand- sowie Fingerstellung,
3. Wurf.
Bevor wir nun dazu übergehen, die Abläufe aller drei Komponenten zu verbinden, vergessen Sie den „großen Bruder" des Dartspielens – den Speerwurf. Diese Art, einen pfeilförmigen Flugkörper zu werfen, hat nur wenig mit unserem Dartsport zu tun: Wir brauchen keinen Anlauf zu nehmen, müssen den Wurfkörper nicht so extrem beschleunigen und werfen unsere Darts nicht so weit, wie wir nur

können. Wenn Sie nun anschließend an Ihrer eigenen Technik arbeiten, fangen Sie ganz vorn an, und entwickeln Sie Ihren eigenen Stil.

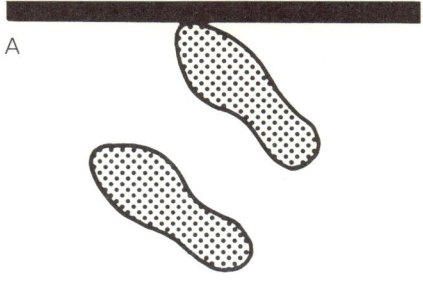

A

Die Fußstellung

Zuerst sollte alles, was Sie tun, möglichst bequem sein, denn je bequemer die Stellung, die Sie einnehmen, ist, desto mehr Spaß werden Sie haben. Stehen Sie aber in einer unnatürlichen, also unbequemen Körperhaltung hinter der Standleiste, werden Sie schon bald feststellen, daß dies über einen längeren Zeitraum nicht durchzuhalten ist und die Konzentration rasch nachläßt. Richtig beim Stand ist immer die Fußstellung, die es Ihnen ermöglicht, mehrere Komponenten miteinander zu verbinden: Sie sollten den Abstand zum Board durch Neigen des Körpers verringern, ohne nach vorn zu fallen; Sie sollten immer nur auf einem Punkt Ihres Fußes stehen – nämlich auf dem Fußballen –, um immer die gleiche Wurfhöhe zu haben. Dabei ist es wesentlich, daß das Knie des Standbeins gestreckt ist. Auf alle Fälle aber stehen Sie auf dem Bein Ihrer Wurfhandseite. Wenn Sie diese Position jetzt einmal ausprobieren, werden Sie feststellen, daß Sie das andere Bein brauchen, um Ihr Gleichgewicht zu erhalten. Stellen Sie es zu diesem Zweck nach hinten aus, und zwar so weit, daß Sie nicht mehr wackeln.

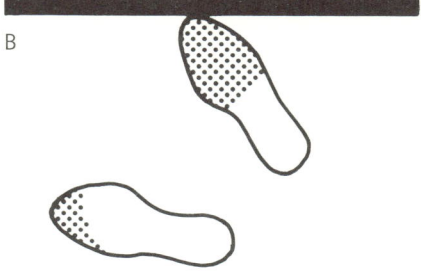

B

Fußstellung A: Beide Füße sind gleichmäßig auf der ganzen Sohle belastet. Der Oberkörper ist aufrecht oder leicht nach vorn geneigt. Dadurch ergibt sich ein stabiler Stand.
Fußstellung B: Der Oberkörper ist deutlich zum Brett geneigt. Der vordere Fuß trägt die Hauptlast des Körpergewichts auf dem Fußballen, der hintere Fuß wird zum Ausgleich nach hinten ausgestellt und nur auf den Zehenspitzen belastet

Wenn Sie „Ihre" Haltung gefunden haben, ist es wichtig, sie sich einzuprägen, um sie jederzeit „abrufen" zu können. Natürlich müssen Sie immer daran feilen, denn selbst unterschiedliches Schuhwerk bringt kleine Differenzen mit sich, die Sie dann ausgleichen. Die Zeichnung auf Seite 29 zeigt, wie Sie Ihre Füße an der Standleiste am besten positionieren, um zum Board eine optimale Position einzunehmen. Stehen Sie außerdem immer so, daß Sie, die Breite des auf die Standleiste projizierten Boards nicht verlassen.

Die Körperhaltung

Die Haltung Ihres Körpers richtet sich natürlich immer nach der Stellung Ihrer Füße, was deren Bedeutung für den Erfolg des Wurfes veranschaulicht. Verlagern Sie jetzt das Gewicht Ihres Körpers auf Ihr Standbein, begeben Sie sich in eine aufrechte Position, stellen Sie das andere Bein nach hinten aus, und neigen Sie den Körper etwas in Richtung des Boards. Wenn Ihnen das zu unbequem erscheint, brechen Sie ab, und beginnen Sie wieder von vorn. Beachten Sie dabei, daß, je weiter Sie sich nach vorn neigen, Ihr unbelastetes Bein in dem Maße nach hinten gestellt werden muß. Nach-vorn-Neigen des Körpers dient dem Ziel, mit möglichst wenig Kraftaufwand das Board zu treffen, und trägt somit auch zur Präzision des Wurfes bei.

Die Stellung des Armes und der Schulter

Idealerweise halten Sie den Oberarm etwa in einem Winkel von 90° zum Rumpf in Richtung Dartboard und drehen Ihre Schultern so, daß sie sich weitestgehend in einer Linie mit dem Oberarm befinden. Vermeiden Sie dabei aber extreme Positionen – Arm-

Richtige Körperhaltung: Standbein gestreckt, Körper zum Board geneigt

zittern und Muskelkater sind die Folge. Um die Wurfausgangsstellung zu optimieren, halten Sie den Unterarm im rechten Winkel zum Oberarm. Die Höhe, in der sich der Ellbogen befindet, sollte immer gleich sein.
Nach soviel Theorie sollten Sie erst einmal Trockenversuche machen, um sich die Haltung dauerhaft anzueignen.

Achten Sie später aber unbedingt darauf, daß Sie beim Wurf die Schulter ruhig halten, sie also nicht drehen, da sonst die Richtung Ihrer Würfe nicht einheitlich ist.
Damit auch Ihr anderer Arm etwas zu tun bekommt, darf er die Darts halten, mit der Maßgabe, es dem anderen Arm so bequem wie möglich zu machen, an sie heranzukommen. Halten Sie den Arm, mit dem Sie nicht werfen, so, daß der Weg für den Wurfarm zum Aufnehmen der Darts kurz ist. Vermeiden Sie dabei unnötige Körperbewegungen, damit Sie Ihre Wurfhaltung nicht jedesmal korrigieren müssen.

Handstellung
Hier gibt es nur sehr wenige sinnvolle Variationsmöglichkeiten, denn die

Oberarm und Schultern bilden annähernd eine Linie

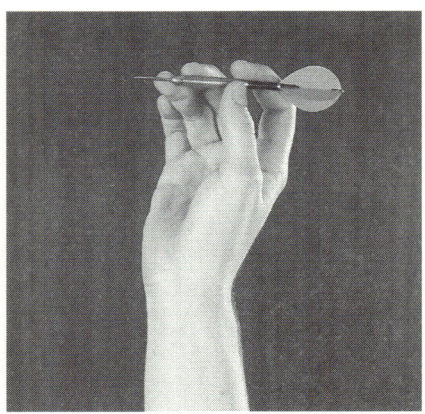

Von der Seite betrachtet steht das Handgelenk aufrecht

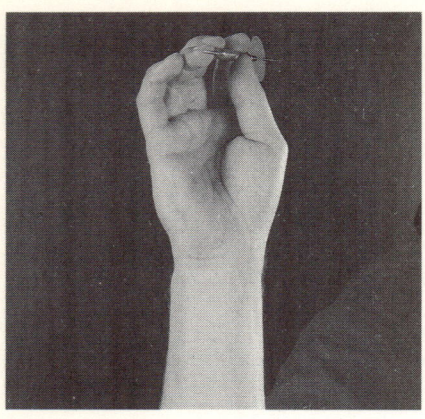

Von vorn betrachtet ist das Handgelenk so weit nach außen gekippt, daß sich der Dart exakt über dem Unterarm befindet – für die Präzision des Wurfes ein entscheidender Faktor

Natur hat bereits für ein optimales Zusammenspiel von Arm und Hand gesorgt. Sie sollten die für Sie natürlichste Art der Handhaltung wählen, um den Dart so exakt wie nur möglich beschleunigen zu können. Seien Sie dabei flexibel. Lassen Sie Ihr Handgelenk locker, aber aufrecht, um ein breiteres Spektrum an Wurfmöglichkeiten zu haben.

Die Fotos auf Seite 31 unten rechts und Seite 32 zeigen, in welcher Linie der Handrücken zum Arm stehen kann. Ihre Haltung muß beim Wurf stets erhalten bleiben. Sie erspart Ihnen Ärger über verzogene Treffer und schützt vor Bänder- oder Muskelschmerzen.

Fingerstellung

Damit sind wir bei einem der wichtigsten Aspekte des Dartspiels angelangt. Denn der perfekteste Bewegungsablauf war umsonst, wenn der Dart vor dem Board auf den Boden fällt. Bei der Fingerstellung, der Haltung des Darts, sollten Sie so flexibel wie nur möglich sein. Die Fotos auf Seite 33 zeigen eine Auswahl von Fingerhaltungen, die sich zum Teil sehr ähnlich sind. Übrigens: Sollten Sie schon einige Erfahrung im Dartwerfen haben und erkennen jetzt, daß die Art, wie Sie Ihren Dart halten, nicht dem ballistischen Optimum entspricht, wäre es ratsam, nicht gleich die ganze Haltung am Dart zu ändern, sondern lieber Schritt für Schritt umstellen. Zuerst sollten Sie versuchen, die Dartspitze durch Veränderung der Fingerstellung und der Position des Handgelenks in die Horizontale zu bringen und dann erst die Armbewegung verändern. Gleichen Sie Ihre Körperhaltung wiederum dem neuen Bewegungsablauf des Armes an, und richten Sie danach die Stellung Ihrer Füße neu ein. Wenn Sie jedoch von ganz vorn anfangen wollen, studieren Sie die folgenden Zeilen sehr gründlich und halten sich so exakt wie möglich an den vorgegebenen Fahrplan.

Damit Sie den besten Halt am Dart finden, ist es wichtig zu wissen, wo sich sein Schwerpunkt befindet. Legen Sie

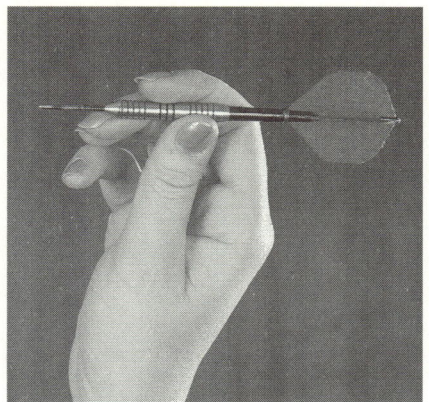

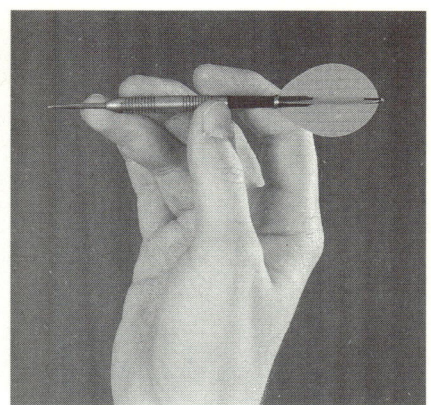

Eine Auswahl von…   *… möglichen Fingerstellungen…*

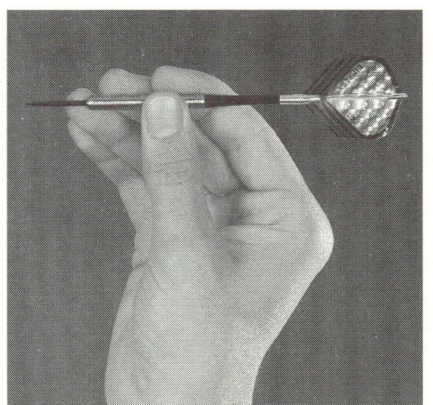

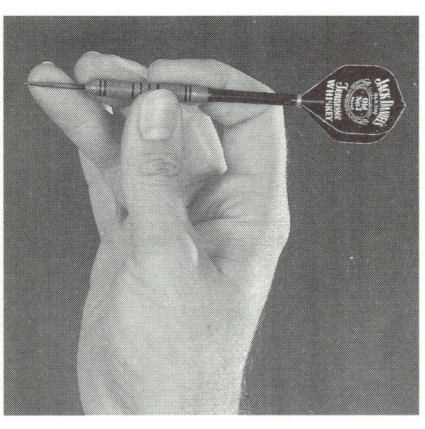

… bei denen der Schwerpunkt…   *… optimal positioniert ist*

zu diesem Zweck Ihren Dart (selbstverständlich mit Shaft und Flight) über Ihren ausgestreckten Zeigefinger. Tarieren Sie ihn so aus, daß er im Gleichgewicht ist, und prägen Sie sich den Schwerpunkt ein. Legen Sie dann den Zeige- und den Mittelfinger seitlich vor und hinter den Schwerpunkt, und drücken Sie auf der anderen Seite mit dem Daumen in Höhe des Zeigefingers dagegen. Den Ringfinger legen Sie seitlich an die Spitze, ohne dabei Druck auszuüben. Verzweifeln Sie nicht, wenn es nicht gleich funktioniert. Tüfteln Sie lieber daran herum, bis Ihnen der Dart „in die Hand fällt", das heißt, er fühlt sich nicht mehr wie ein Fremdkörper an und fliegt obendrein dorthin, wohin Sie gezielt haben. Denn daran sollten Sie immer denken: Der Indikator für eine gute Haltung ist ein guter Wurf.

Der Wurf

Nun gilt es, alle bisher beschriebenen Elemente zusammenzufügen und dabei Füße, Körper, Arme, Hände und Finger zu koordinieren. Nehmen Sie dazu in der vorher beschriebenen Haltung Aufstellung an der Abwurfleiste, halten Sie zwei Darts in der Nicht-Wurfhand, und nehmen einen in Ihre Wurfhand. Der Dart befindet sich in der Horizontalen. Ziehen Sie nun Ihren Unterarm zum Körper, dabei liegt der Dart stets möglichst waagerecht in der Hand. Jetzt strecken Sie den Ellbogen und beschleunigen mit Ihrem Unterarm den Dart zügig, aber nicht hastig in Richtung des Boards. Das Handgelenk klappt beim Abwurf nach und gibt dem Dart zusätzliche Fahrt. Um Ihren optimalen Abwurfpunkt zu finden, müssen Sie etwas experimentieren. Sie werden dabei feststellen, daß die ideale Armstellung etwa einem Winkel von 120° (Oberarm zu Unterarm) entspricht. Wenn Sie den Pfeil losgelassen haben, strecken Sie den Arm im Fluß der Bewegung weiter. Lassen Sie den Dart zu früh los, werfen Sie über das Board, lassen Sie

ihn zu spät los, fliegt er darunter. Sind Sie sich nicht sicher, ob Sie den Dart jetzt optimal halten, gibt es

Wurfausgangsstellung

Ausholphase

Beschleunigungsphase

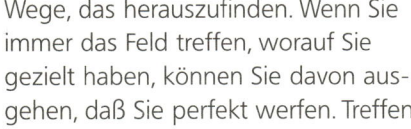

Abwurfposition

Arm strecken

Wege, das herauszufinden. Wenn Sie immer das Feld treffen, worauf Sie gezielt haben, können Sie davon ausgehen, daß Sie perfekt werfen. Treffen Sie aber nicht einmal in die Nähe des anvisierten Segments, können Sie anhand der folgenden kleinen Checkliste Ihre Fehler hoffentlich abstellen.

Fehler	Korrektur
Der Wurf liegt zu hoch.	Lassen Sie den Dart später los oder nehmen Sie die Spitze des Darts herunter.
Der Wurf liegt zu tief.	Lassen Sie den Dart früher los oder nehmen Sie die Spitze des Darts höher.
Der Wurf liegt zu weit rechts oder links.	Bringen Sie Ihr Handgelenk in eine Linie mit dem Unterarm. Halten Sie die Schulter ruhig. Korrigieren Sie Ihre Fußstellung.
Die Darts stecken nicht tief genug im Board oder fallen wieder heraus.	Strecken Sie beim Wurf den Arm. Werfen Sie kräftiger, erhöhen Sie die Beschleunigung des Darts. Kontrollieren Sie die Spitze des Darts.
Der Dart trudelt.	Kontrollieren Sie Form und Sitz von Shaft und Flight. Ändern Sie die Fingerhaltung am Dart.

Wenn Sie sich jetzt noch Zeit lassen und Geduld haben, werden Sie im Handumdrehen die Fehlerquellen finden und beseitigen. Erwarten Sie aber nicht, daß alles gleich perfekt funktioniert. Denn es kommt sowohl auf den Zeitaufwand als auch auf die Trainingsintensität an. Ein guter Spieler werden Sie, wenn Sie die einzelnen Phasen des Wurfes perfekt koordinieren. Hören Sie deshalb nie auf, an Ihrer Wurftechnik und am Bewegungsablauf des Abwurfes zu feilen.

Zielen

Sicherlich haben Sie schon bemerkt, daß ein Dart eine Art Eigenleben besitzt, abhängig von seinen Maßen und der Gewichtsverteilung. Nehmen Sie daher zum Üben immer nur denselben Satz Darts, der stets die gleichen Flugeigenschaften gewährleistet. Achten Sie beim Üben und Trainieren auch darauf, daß Sie auf jedes Ziel des Boards möglichst mit der gleichen Kraft werfen. Nur auf diese Weise können Sie Ihren Wurf standardisieren und sich beim Zielen auf das Wesentliche konzentrieren.

Wenn Sie beginnen, gezieltes Werfen zu üben, empfehle ich Ihnen, sich zuerst dem Bull anzunähern. Er ist das Zentrum der Scheibe, und so können Sie gleich feststellen, ob Sie zu hoch, zu tief, zu weit rechts oder zu weit links werfen. Liegt beispielsweise ein Wurf zu tief, werfen Sie beim nächsten Dart mit mehr Kraft, oder zielen Sie ein Stück über den Bull. Mit dieser Art Vorhaltezielen und -werfen lernen Sie, die erforderliche Wurfkraft richtig einzuschätzen. Trifft der Dart das Board oberhalb des Ziels, werfen Sie mit weniger Kraft, oder halten Sie den Oberarm etwas tiefer. Liegt der Wurf zwar auf der Höhe des Bulls, aber rechts oder links davon, verändern Sie Ihre Körperhaltung oder die Position an der Standleiste. Manchmal genügt es aber auch, nur die Stellung der Füße zu korrigieren.

Sie werden, nachdem Sie mit diesen Techniken am Bull erfolgreich waren, feststellen, daß sie auch für jedes andere Feld angewendet werden können. Lassen Sie sich aber nicht aus der Ruhe bringen, wenn Ihre Darts zunächst unterhalb der Treble 20, dafür aber oberhalb der Treble 19 ankommen. Das kommt daher, daß Sie sich auf die verschiedenen Felder und deren kreisrunde Anordnung erst einmal einschießen müssen. Suchen Sie sich zu diesem Zweck jeweils einen Zielpunkt. Er sollte so liegen, daß Ihr Dart eine möglichst große Trefffläche auf dem Feld hat. Wenn Sie beispielsweise auf der Treble 20 scoren wollen, sollten Sie am Anfang einen Fingerbreit über das Treble zielen. Das hat mehrere Vorteile: Werfen Sie zu stark, geht der Dart immer noch in die

20, vielleicht sogar ins Double; werfen Sie nicht stark genug, geht er vielleicht ins Treble, und es bleibt für die weiteren Darts eine ausreichende Fläche auf der 20 übrig. Außerdem kann ein zu hoch geworfener Dart durch die schon über der Treble 20 im Board steckenden Pfeile immer noch ins Treble gelenkt werden.

gewohnte Position an der Standleiste als auch die Ihrer Körperlängsachse bei. Sonst müßten Sie aus einer ungewohnten Haltung heraus zielen und werfen, was die Erfolgsaussichten deutlich verringert. Treten Sie also an der Standleiste ein wenig zur Seite, behalten Sie Ihre gewohnte Körperhaltung bei, drehen Sie allerdings Ihre

Zwei Pfeile blockieren das anvisierte Segment Treble 20...

... durch einen Schritt zur Seite ist der Weg wieder frei

Steckt ein Pfeil so, daß er die Sicht auf das anvisierte Segment behindert oder unmöglich macht, ist die Gefahr, daß der nachfolgende Dart abgelenkt wird, sehr groß. In diesem Fall sollten Sie nicht einfach den nächsten hinterherwerfen, sondern an der Standleiste ein Stück zur Seite treten, um wieder freie Sicht auf das Segment zu haben. Dabei behalten Sie sowohl Ihre

Schultern etwas mehr in Richtung des Boards. Berücksichtigen Sie außerdem, daß Sie durch die veränderte Entfernung ein wenig kräftiger werfen und den Vorhalte-Spielraum etwas großzügiger bemessen müssen.
Im Gegensatz zum Sportschießen, wo über Kimme und Korn gezielt wird, gibt es beim Dartsport keine derartigen Vorgaben. Wenn die Vorausset-

zungen stimmen (Fußstellung, Körperhaltung, Schulter und Arme, Fingerhaltung und Bewegungsablauf) ist es beim Wurf entscheidend, daß Sie Ihr Ziel nicht aus den Augen lassen, sich einzig und allein darauf konzentrieren.

Das gilt für jeden Dart – immer wieder. Ein kleiner Tip zum Schluß: Strecken Sie den Arm betont in Richtung des Segments, auf das Sie zielen, und zeigen Sie mit dem Zeigefinger darauf. Sie werden überrascht sein.

Fassen Sie Ihr Ziel fest ins Auge

Üben, Trainieren, Spielen

Kein Meister fällt vom Himmel, das ist eine Binsenweisheit, und beim Dartsport ist es nicht anders. Sie werden also nicht umhinkommen, durch Üben Ihre Technik zu entwickeln und durch stetes Training Ihre Leistung zu verbessern. Dies können Sie einerseits tun, indem Sie sich selber Ziele setzen (von zehn Würfen müssen neun auf der 20 landen usw.). Sie können andererseits aber auch spielerisch und spielnah trainieren. Zu diesem Zweck finden Sie auf den nächsten Seiten die 25 interessantesten Dartspiele. Sie bieten den Vorteil, daß sie den Spielern, neben dem reinen Werfen auf bestimmte Ziele, auch noch strategisches und taktisches Handeln abverlangen, was im Wettkampf ohnehin eine wesentliche Rolle spielt.

Wo es sinnvoll ist, sind den Spielen vorgedruckte Ergebnislisten, teilweise mit zusätzlichen Beispielen, beigelegt, die Sie kopieren und dann verwenden können.

25 Dartspiele

501

Das Standardspiel für den deutschen Liga- und Turnierbetrieb. Sie haben 501 Punkte am Anfang des Spiels und müssen nun mit dem geringsten Aufwand an Darts auf Null kommen. Dabei haben Sie pro Durchgang (Aufnahme) drei Darts zur Verfügung, dann ist Ihr Gegner an der Reihe. Wird, wie allgemein üblich, „501 – straight in – double out" gespielt, heißt das, Sie müssen zum Schluß des Spiels ein Double treffen, um das Spiel beenden zu können, ohne sich zu überwerfen und daraufhin den Durchgang mit Null abzuschließen. Haben Sie zum Beispiel 40 Punkte Rest, ist es am einfachsten, den ersten Dart in Richtung Doppel 20 zu werfen. Treffen Sie jetzt die Single 20, können Sie die Doppel 10 anvisieren. Treffen Sie, sind Sie auf Null, Sie haben also das Leg gewonnen. Beträgt Ihre Restpunktzahl aber einmal 2, gibt es keinen anderen Ausweg mehr: Jetzt steht nur noch „Homes" – die Double 1 – zwischen Sieg oder Niederlage. Schießen Sie jetzt die Single 1, haben Sie wieder zwei Punkte

Spieler 1		Spieler 2					
Score	Restscore	Score	Restscore				

Spielbogen für 301 und 501

Rest. Denn dann gilt die sogenannte Bust-Regel: Werfen Sie mehr Punkte, als Sie eigentlich Rest haben, oder stellen Sie Ihren Restscore ein, ohne ein Double getroffen zu haben, bleibt die Restpunktzahl des vorangegangenen Durchgangs stehen. Weniger als 2 können als Restpunktzahl aber nicht notiert werden, da das niedrigste Double die Double 1 ist. Für ungeübte Spieler ist es schon recht schwierig, und es dauert oft lange, bis sie die Double 1 getroffen haben. Die Briten haben, wenn beide Spieler auf Double 1 sind, dafür „splitting eleven" erfunden: Wer statt der Double 1 die Single 1 trifft, darf versuchen, einen einzigen Dart zwischen die Ziffern 11 zu plazieren, die sich auf dem Nummernring des Boards etwa in Höhe neun Uhr befinden. Diese Regel gilt selbstverständlich nicht bei offiziellen Spielen. Denn dort trifft man sich zum Wettkampf und nicht zum Rumalbern. Wie bei jedem Sport gibt es auch hier Spitzenleistungen, beispielsweise die 17 Möglichkeiten, einen Neun-Darter zu werfen (S. 77) oder das 170er-Finish. Wie oft ein Leg 501 gespielt wird, entscheidet der Spielmodus (wie viele Legs pro Satz, wie viele Gewinnsätze), der von den Offiziellen für die diversen Ligen und Turniere festgelegt wird.

301

Dies ist eine abgewandelte Form des 501. Sie beginnen also mit 301 Punkten, die Sie pro Durchgang mit drei Darts auf exakt Null bringen müssen. Die von den Briten bevorzugte Pub-Darts-Spielversion wird meistens „double in – double out" gespielt, was einfach nur bedeutet, daß am Anfang sowie am Ende des Spiels jeweils ein Double getroffen werden muß. Der Betrag des Anfangsdoppels ist nicht wichtig, ganz im Gegensatz zu dem des Schlußdoppels, der, wie beim großen Bruder 501, den Score auf Null bringen muß. Natürlich können Sie, wenn Sie möchten, das Double am Anfang auch weglassen.

In der Originalversion aber fängt das Spiel für Sie erst an, wenn Sie ein Anfangsdoppel getroffen haben. Hat Ihr Gegenüber schon vorher eröffnet und punktet bereits fleißig – schlecht für Sie. Geben Sie aber niemals auf, sondern kämpfen Sie, denn verloren haben Sie erst mit dem letzten Punkt Ihres Gegners. Für Rekordjäger unter Ihnen: Bei diesem Spiel (mit Anfangsdoppel) ist immerhin ein Sechs-Darter (Beendigung des Spiels mit sechs geworfenen Darts) möglich. Dabei gibt es mehrere Möglichkeiten, beispielsweise Bullseye – Treble 20 – Treble 17 / Treble 20 – Treble 16 – Double 16 oder mit einem 170er – Finish am Schluß: Bullseye – Treble 20 – Treble 17 / Treble 20 – Treble 20 – Bullseye. Wie gesagt, das sind nur einige der vielen Möglichkeiten, die es für einen Sechs-Darter mit einem Doppel am Anfang bei 301 gibt. Das gleiche existiert natürlich auch für ein 301 ohne Anfangsdoppel. Eine dieser Möglichkeiten wäre Treble 20 – Treble 20 – Treble 20 / Treble 18 – Treble 17 – Double 8. Sollte Ihnen jetzt wieder der Gedanke kommen, das sei alles zu schwierig, dann rufen Sie sich in Erinnerung, daß noch kein Meister vom Himmel gefallen ist. Selbst die müssen üben, üben, üben.

170

Es ist das wohl beliebteste Aufwärm- und Trainingsspiel der Liga- und Turnierspieler, relativ einfach zu verstehen, beinhaltet aber eine Fülle von Denksportaufgaben, die es vor dem Werfen zu lösen gilt.

Drei Darts pro Durchgang darf ein Spieler werfen. Die Zahl 170 ist das höchste Finish mit drei Darts und somit schon ein Schulterklopfen wert, wenn man es checken konnte. Es kommt allerdings häufig vor, daß Spieler nicht das Segment treffen, worauf sie eigentlich gezielt hatten. Und so geht meistens der erste Dart, gezielt auf die Treble 20, in die Single 1. Damit sind die Chancen dahin, 170 mit drei Darts zu checken. Denn dafür gibt es nur die eine Möglichkeit: zwei-

mal Treble 20 und Bullseye, denn der letzte Wurf muß immer ein Double sein. Haben Sie aber, wie erwähnt, die 1 geworfen, gibt es keine Chance mehr, die verbleibenden 169 Punkte zu finishen. Denn das höchste Finish für zwei Darts liegt bei 110: Treble 20 und Bullseye. Nun gilt es für Sie, mit den verbleibenden Darts ein annehmbares Finish zu stellen oder Ihrem Partner übrigzulassen.

Zum Spiel. Der erste Werfer beginnt mit 170 Punkten Rest und hat die Aufgabe, das Spiel zu beenden. Hinterläßt er eine Restpunktzahl, muß der Nächste damit bis auf Null kommen. Gelingt ihm das Finish, fängt der nachfolgende Spieler wieder mit 170 Punkten an. Gelingt es ihm nicht, macht der nächste mit dieser Punktzahl weiter, überwirft er sich, gilt die Bust-Regel. Wie Sie welches Finish angehen sollten, lesen Sie bitte im Kapitel „Finish-Kombinationen" (S. 69) nach. Das Spiel 170 kennt also keinen Sieger, bietet aber die Möglichkeit, das Beenden eines Matches zu trainieren, denn in seinem Verlauf kommen viele unterschiedliche Restscores vor – wie im Match auch –, und Sie machen sich mit der Situation vertraut, ein Finish zu werfen. Selbstverständlich sollten Sie jedes noch so kompliziert erscheinende Finish angehen und versuchen, es zu checken. Denn wer nicht wagt, der nicht gewinnt.

Baseball

Bei dieser Anlehnung an das vor allem in Amerika sehr populäre Spiel müssen Sie mit neun Darts nacheinander zuerst ein von Ihrem Gegner vorgelegtes Segment und im Anschluß vier vorgegebene Doublesegmente abwerfen. Die Reihenfolge der Spieler wird festgelegt, indem jeder Teilnehmer einen Dart möglichst nahe am Bull plaziert. Nun wirft derjenige, der am weitesten am Bull vorbeigeworfen hat, zuerst einen Dart auf ein von ihm ausgewähltes Feld des Boards. Innerhalb des Feldes unterscheidet man nun die

Nur auf den markierten Segmenten kann gepunktet werden

Name	1.	2.	3.	4.	5.	6.	7.	8.	9.	Summe
Spieler A	2	0	1	5	1	0	2	0	3	14
Spieler B	0	3	2	2	3	2	5	1	0	18

Beispiel eines Spielprotokolls Baseball

Es zählen die Double 6, 20, 11 und 3
Pro Doppel gibt es einen Punkt.
Bei einem „Home Run" – also alle vier Doubles werden getroffen – erhält man einen Extrapunkt (= 5 Punkte insgesamt)

Segmente Treble und Double sowie kleines Single (das Feld zwischen dem Treble einer Zahl und dem Single Bull) und großes Single (das Feld zwischen dem Double und dem Treble einer Zahl). Sie müssen jetzt mit so wenigen

Darts wie möglich das vom ersten Werfer vorgelegte Segment abwerfen, um dann mit den verbleibenden Pfeilen auf Punktejagd gehen zu können. Da ein Baseballfeld quadratisch angelegt ist und die Ecken jeweils ein Base markieren, sind die Double der 6, der 20, der 11 sowie der 3 vorgegeben, nur dort können Punkte erzielt werden. Sie werfen nun, der Reihe nach, diese Segmente ab. Sie dürfen aber erst auf das nächste Double werfen, wenn Sie das vorhergehende getroffen haben. Ist es Ihnen gelungen, das vorgelegte Segment sowie alle vier Doubles mit Ihren neun Darts zu treffen, haben Sie einen „Home Run" erzielt und bekommen einen Extrapunkt. Ansonsten zählen nur die von Ihnen geworfenen Doublesegmente Wenn Sie Ihre neun Pfeile geworfen haben, legen Sie durch einen Wurf mit der Nicht-Wurfhand das Segment für den nächsten Spieler vor. Wer am Ende des neunten Durchgangs die meisten Punkte hat, ist der verdiente Sieger der Begegnung.

Bigmouth

Beim „Großmaul" können Sie lernen, sich selbst richtig einzuschätzen. Nachdem die Reihenfolge der Werfer festgelegt wurde, muß jeder Spieler, bevor er seine drei Darts wirft, einen Score ansagen, den er dann auch mit seinen Würfen bestätigen muß. Der angesagte Score darf auf keinen Fall unterschritten werden, sonst zählt der gesamte Durchgang nicht, der Spieler bekommt keine Punkte gutgeschrieben. Erreicht er allerdings den vorhergesagten Score oder übertrifft ihn sogar, bekommt er die von ihm angesagte Punktzahl angerechnet. Also: Verhalten Sie sich taktisch klug, und sagen Sie immer nur soviel Score an, wie Sie nachher auch werfen können. Die Anzahl der Durchgänge sollte vorher festgelegt werden, deren fünf aber nicht überschreiten. Sind beispielsweise vier Spieler beteiligt, empfehle ich, vier Durchgänge in unterschiedlicher Reihenfolge zu spielen, da der letzte Spieler immer einen Vorteil hat, wenn er weiß, wie viele Punkte fehlen, um das Spiel zu gewinnen. Wer am Ende die höchste Punktzahl hat, ist der Gewinner.

Bingo

Ein Spiel, das aus Amerika kommt und hierzulande durch das Fernsehen bekannt wurde. Auf dem Spielprotokoll rechts erkennen Sie mehrere horizontal angeordnete Felder, die Sie mit Zahlen Ihrer Wahl – seien Sie dabei aber realistisch – ausfüllen und dann in beliebiger Reihenfolge „abschießen". Der erste Spieler sucht sich aus seiner Zahlenreihe eine Zahl heraus und versucht jetzt – nur mit drei Darts! -, diese Punktzahl zu erreichen. Fällt dabei ein

Dart wieder heraus oder fliegt am Board vorbei, gilt der Versuch als mißlungen. Die anderen Spieler hingegen dürfen die Zahl, die der Werfer tatsächlich erreicht hat, bei sich abstreichen, sofern sie sie in ihrer Aufstellung haben. Dann spielt es auch keine Rolle, ob der Spieler, der an der Reihe war, die Zahl mit einem, zwei oder drei Darts erzielt hat. Der Werfer hingegen kann seine vorhergesagte Zahl nur dann abstreichen, wenn er sie mit drei Darts erreicht hat. Aber auch wenn er zufällig – mit drei Pfeilen – eine Zahl seiner Reihe wirft, darf er sie auf seiner Liste streichen. Aber Achtung! Wenn ein Spieler eine Zahl wirft, die schon einmal abgeschossen wurde, dann gilt sie wieder als offen, also als nicht erzielt. Das betrifft sowohl den Werfer als auch seine Mitspieler, sofern die diese Zahl ebenfalls auf ihrer Tabelle haben. Die Regel bietet Ihnen die Möglichkeit, Ihrem Gegner das Siegen zu erschweren, indem Sie ihm schon erzielte Zahlen wieder wegnehmen. Ein Spiel ist dann beendet, wenn der erste Spieler alle Felder abgestrichen hat und somit „Bingo" ansagen kann.

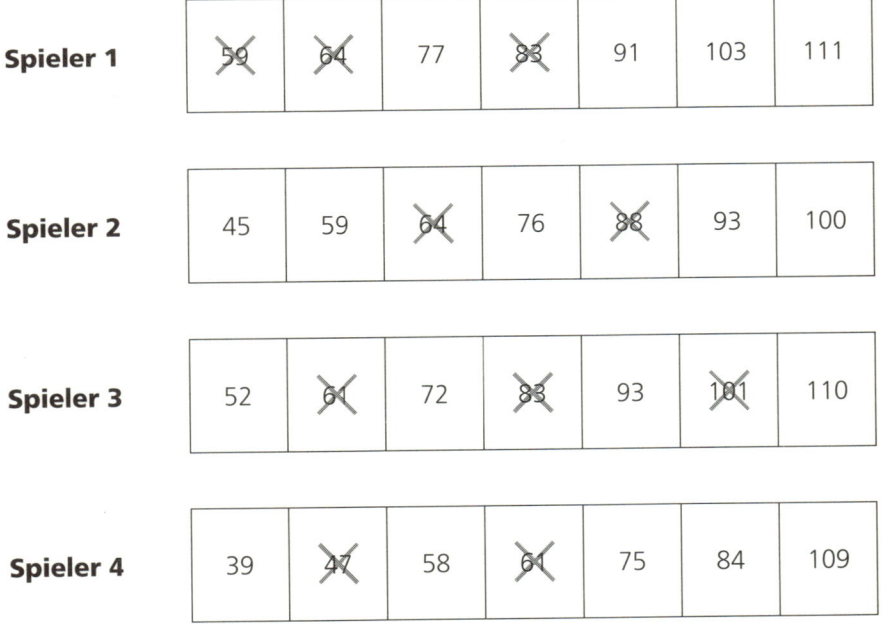

Beispiel eines Spielprotokolls Bingo

Boule

Das traditionelle Kugelspiel der Franzosen können Sie auch mit Darts in Ihrer Wohnung oder im Partykeller spielen. Zwei Mannschaften mit nicht mehr als drei Spielern pro Team sind eine ideale Besetzung.

Das Spiel beginnt mit dem Setzen des Schweinchens. Nehmen Sie dazu eine Reißzwecke, und befestigen Sie sie dort, wo unmittelbar zuvor ein von Ihnen mit Ihrem Nicht-Wurfarm geworfener Dart gelandet ist. Ziel des Spiels ist nun, die einer Mannschaft zur Verfügung stehenden Darts möglichst nahe am Schweinchen zu plazieren. Beide Mannschaften werfen abwechselnd, wobei es dem jeweiligen Spieler überlassen bleibt, wie viele Darts er verbraucht, wenn er an der Reihe ist. Er kann also nur einen Dart werfen und sich die beiden anderen Pfeile für einen späteren Zeitpunkt aufheben. Lassen Sie den sichersten Schützen Ihres Teams zum Schluß werfen, wenn es auf dem Board schon etwas eng geworden ist. Die Mannschaft, die nach dem Werfen sämtlicher Pfeile mit einem Dart dem Schweinchen am nächsten ist, bekommt dafür einen Punkt sowie jeweils einen weiteren für jeden Pfeil, der näher am Schweinchen steckt, als der nächste des Gegners. Den zweiten Durchgang beginnt der Verlierer mit dem Setzen des Schweinchens, die gegnerische Mannschaft mit dem Wurf des ersten Darts. Gespielt wird so lange, bis eine Mannschaft 13 Punkte gesammelt und damit gewonnen hat.

Drei Darts von A sind näher zum Schweinchen als der nächste von B

Die Grafik oben veranschaulicht die Zählweise des Spiels. Da von Mannschaft A der nächste Dart zum Schweinchen geworfen wurde, bekommt sie für jeden Pfeil, der vor dem nächsten Dart von Mannschaft B am Schweinchen plaziert ist, einen Punkt. Mannschaft B geht bei diesem Durchgang leer aus und kann erst wieder in den folgenden Durchgängen punkten. Das Schweinchen ist mit einem Kreis markiert, die Pfeile der Mannschaften durch die Buchstaben A oder B. Mannschaft A bekommt also in diesem Durchgang drei Punkte gutgeschrieben, da drei Pfeile von A näher am Schweinchen plaziert sind als von B. Wenn Unklarheit beim Zählen herrscht, sollten Sie ein Bandmaß zu Hilfe nehmen. Bei gleicher Entfernung gibt es im entsprechenden Durchgang keinen Punkt. Bei gleichem Abstand der nächsten Pfeile der Teams zum Schweinchen, führen Sie ein Stechen durch oder aber sie wiederholen den Durchgang.

Golf

Golf boomt und hält als eine Variante des Dartsports mittlerweile auch Einzug in unsere Wohnungen. Von bekannten Dart-Zubehör-Herstellern werden schon regelrechte Golf-Boards mit richtigen Greens angeboten; meine Version des Spiels ist eine leicht abgewandelte, aber dafür auch erheblich billigere.

Die von den Golfern als Bahnen bezeichneten Grünflächen sind für Sie die Felder des Dartboards. Um die Erklärung nicht allzu lang werden zu lassen, begnüge ich mich mit drei Bahnen, jeweils einer Par-3-, Par-4- und Par-5-Bahn. Par bedeutet, das Loch – hier den Bull – mit drei, vier und fünf Schlägen – hier sind es Darts – zu treffen. Suchen Sie sich für eine Bahn eine Zahl aus, beispielsweise die 20 für eine Par-3-Bahn. Jetzt müssen Sie versuchen, mit zwei Darts zweimal 20 zu werfen und mit dem nächsten einen

Bull oder gar ein Bullseye. Werfen Sie mit dem ersten Dart eine Double 20, sind Sie praktisch schon auf dem Grün und können einputten. Treffen Sie mit einem der beiden übrig gebliebenen Darts einen Single Bull, haben Sie ein Par geworfen. Treffen Sie zwei Bulls – zum Beispiel einen Double Bull oder zwei Single Bulls -, haben Sie schon einen Birdie erzielt, also einen unter Par. Haben Sie drei (einen Double Bull und einen Single Bull) oder sogar vier (zwei Double Bull) getroffen, gilt dies als Eagle (zwei unter Par) oder Double Eagle (drei unter Par). Brauchen Sie aber mehr als drei Darts, um zweimal 20 und einen Bull zu werfen, wird in die andere Richtung gezählt. Der vierte Dart bedeutet einen Eagle (ein über Par), der fünfte oder der sechste Dart einen Double Eagle (zwei über Par) oder einen Treble Eagle (drei über Par). Auf den Par-4- und den Par-5-Bahnen zählen Sie genauso. Par 4 bedeutet dann entsprechend drei Treffer (geht auch mit einem Wurf als Treble) einer vorher festgelegten Zahl und ein Bull, Par 5 vier Treffer einer Zahl und ein Bull. Falls Ihnen das noch zu schwierig erscheint, können Sie natürlich zuerst auf die Übungswiese gehen und dort nur Par-2-Bahnen spielen – das ist keine Schande. Als Golf-Profi allerdings spielen Sie mit mehreren Par-3-, Par-4- und Par-5-Bahnen – wie die „Großen" eben auch.

Hunter

Bei diesem Spiel zählen nur die Felder der 20 sowie die des Bulls. Die ersten beiden Darts werden auf die 20, der letzte Pfeil wird auf den Bull geworfen. Es müssen alle drei Darts plaziert werden. Trifft einer der Darts ein anderes Feld oder fällt er aus dem Board, gibt es keine Wertung, der Durchgang wird annulliert, und Sie können erst in der nächsten Runde wieder punkten. Um ein Ziel bei diesem Spiel zu haben, sollten Sie vorher ausmachen, bis zu welcher Punktzahl gespielt wird. Greifen Sie aber nicht zu hoch, sondern spielen Sie statt dessen lieber mehrere Durchgänge.
Und so wird gezählt:

Punktzahl	Wurffolge		Wertung
170	T20 – T20 – D25	=	5 Punkte
145	T20 – T20 – S25	=	2,5 Punkte
130	T20 – S20 – D25	=	3 Punkte
105	T20 – S20 – S25	=	1,5 Punkte
110	D20 – S20 – D25	=	2 Punkte
85	D20 – S20 – S25	=	1 Punkt
90	S20 – S20 – D25	=	1 Punkt
65	S20 – S20 – S25	=	0,5 Punkte

Kniffel

Dieses Spiel kennen Sie wahrscheinlich als Würfelspiel für die Familie, das sich in der kalten Jahreszeit größter Beliebtheit erfreut. Die Regeln sind hier die gleichen, nur haben Sie anstatt der gewohnten fünf Würfel jetzt fünf Darts zur Verfügung. Wer Kniffel nicht kennt, sollte sich nun mit dessen Regeln bekannt machen. Auf der Spielvorlage auf S. 49 sehen Sie die Aufgaben, die Sie lösen müssen: die Zahlen von 1 bis 6, den Dreier- sowie Viererpasch, das Full House, die kleine und die große Straße, den Kniffel und eine Chance. Die Reihenfolge, in der Sie die Aufgaben lösen, bleibt Ihnen vorbehalten. Sie sollten jedoch die untere Palette zuerst angehen, da sie mehr Punkte bringt.
Die Zahlen von 1 bis 6 müssen Sie in einem Durchgang so oft wie möglich treffen, dabei spielt es keine Rolle, ob Sie statt der 2 die Double 1 oder statt der 6 die Treble 2 werfen. In jedem Fall müssen Sie nach dem fünften

NAME								
1er	nur Einer zählen							
2er	nur Zweier zählen							
3er	nur Dreier zählen							
4er	nur Vierer zählen							
5er	nur Fünfer zählen							
6er	nur Sechser zählen							
gesamt								
Bonus bei 140 oder mehr	plus 50							
gesamt oberer Teil								
Dreierpasch	Alle Punkte zählen							
Viererpasch	Alle Punkte zählen							
Full House	Alle Punkte zählen							
Kleine Straße	Alle Punkte zählen							
Große Straße	Alle Punkte zählen							
Kniffel	Alle Punkte zählen							
Chance	Alle Punkte zählen							
gesamt unterer Teil								
gesamt oberer Teil								
Endsumme								

Spielvorlage für Kniffel

Wurf festlegen, welche Zahl und wie sie angerechnet werden soll, da es nur einmal möglich ist, eine bestimmte Zahl werten zu lassen. Wenn Sie mit zwei Darts beispielsweise Treble 6 und Single 6 werfen, haben Sie, wenn Sie wollen, nicht nur eine gute Wertung für die Zahl 6, sondern auch die Möglichkeit, einen Dreier- oder Viererpasch mit der 6 anrechnen zu lassen. Zudem können Sie dann die anderen Darts dazu verwenden, mit einem Wurf auf ein „hohes" Segment eine gute Punktzahl zu erringen, denn alle fünf Darts werden beim Pasch gewertet. Ähnlich beim Full House, wo ein Treble und ein Double schon ausreichen, Sie aber mit zwei und drei gleichen Zahlen, etwa zweimal 10 und dreimal 5, das Gleiche erreichen. Hier zählen alle mit dem Full House erzielten Punkte.

Die kleine und große Straße müssen aus vier und fünf aufeinanderfolgenden Zahlen bestehen, wobei beim Werfen die Reihenfolge eingehalten werden muß. Bei der kleinen Straße haben Sie dazu noch die Möglichkeit, den fünften Dart in ein wertvolles Segment zu werfen, da alle Punkte voll übernommen werden.

Kniffel können Sie erreichen, indem Sie mit den fünf Ihnen zur Verfügung stehenden Darts mindestens acht gleiche Zahlen abschießen, wobei die geworfene Punktzahl voll angerechnet wird. Werfen Sie also auf der 20 zum Beispiel Treble 20, Treble 20 und Double 20, so bekommen Sie 160 Punkte. Wer ein zweites- oder sogar ein drittes Mal Kniffel würfelt, bekommt immer wieder die geworfene Punktzahl gutgeschrieben.

Die Chance läßt Ihnen offen, wie und wann Sie sie anrechnen lassen. Versuchen Sie beispielsweise ein Kniffel auf der 20, und Sie treffen nur siebenmal, verfehlen also das Kniffel, können Sie die Punktzahl auf der Chance eintragen lassen, allerdings wie bei jedem Feld, außer beim Kniffel, nur einmal.

Beim Zusammenrechnen der Punktzahl unterscheiden Sie zwischen der oberen und der unteren Hälfte. Haben Sie im oberen Feld, mit den Zahlen von 1 bis 6, in der Addition mindestens 140 Punkte erzielt, erhalten Sie als Bonus weitere 50 Punkte dazu. Nach dem Zusammenzählen des oberen und des unteren Teils ist der Spieler mit der höchsten Punktzahl der Gewinner.

Killer

Ziel des Spiels ist es, Ihre Gegner durch konstantes Abschießen von Doubles aus dem Rennen zu werfen. Das Spiel beginnt, indem die Spieler mit ihrem Nicht-Wurfarm einen Dart auf das Board werfen. Dadurch wird ermittelt, auf welchem Feld der jeweilige Teilnehmer seine „Lizenz zum

Töten" erwerben kann. Nehmen wir einmal an, Sie haben die 1 getroffen und dürfen das Spiel beginnen, weil die 1 am Anfang der numerischen Reihenfolge steht. Sie müssen nun pro Durchgang, mit drei Darts, versuchen, so viele Double 1 wie möglich zu schießen. Haben Sie fünf davon getroffen, werden Sie zum Killer. Nun geht es für Sie darum, die anderen Spieler nicht zu Mördern werden zu lassen. Das können Sie verhindern, indem Sie auf die Doubles Ihrer Gegner schießen und treffen. Gelingt Ihnen dort ein Treffer, hat dies für den „Betroffenen" zur Folge, daß er ein Double, das er bereits erzielt hatte, wieder verliert. Wird ihm auch sein letztes Double (Leben) genommen, scheidet er aus. Hatte er allerdings noch kein Double seiner Zahl getroffen, müssen Sie auf andere Teilnehmer ausweichen. Treffen Sie beim Stand von fünf aus Versehen eines Ihrer Doubles, nehmen Sie sich selbst eines Ihrer Leben, und Sie müssen erst wieder zum Killer werden, indem Sie sich wieder auf fünf hocharbeiten. Aber aufgepaßt – Ihre Gegner schlafen nicht und versuchen ständig, Ihnen Ihre Leben zu nehmen. Wie schon gesagt: Haben Sie weniger als fünf, sind Sie kein Killer mehr und müssen erst wieder einer werden. Um das Spiel etwas interessanter zu gestalten, sollten Sie vorher ausmachen, ab welcher Anzahl von Beginn an erzielter Doubles ein Gegner abgeworfen werden darf. Es hat nämlich recht wenig Sinn, wenn ein Teilnehmer durch das Abschießen eines einzigen seiner Doubles aus dem Rennen geworfen wird. Natürlich ist es ratsam, nach dem Ausscheiden einer bestimmten Anzahl von Mitspielern das Spiel abzubrechen, um ein neues zu starten. Es kann sich nämlich ganz schön hinziehen, wenn gleichstarke Spieler aufeinandertreffen; die etwas schwächeren langweilen sich.

Blind Killer

Hier gelten eigentlich die gleichen Spielregeln wie beim Original-Killer. Es müssen ebenfalls fünf Doubles abgeworfen werden, nur weiß diesmal der Gegner nicht, ob die Zahl, die er abwirft, überhaupt besetzt ist.
Zum Spielablauf: Nehmen Sie zwanzig Kronkorken oder ähnliches, beschriften Sie sie von 1 bis 20, und werfen Sie sie in einen Behälter. Nun zieht jeder Mitspieler einen Kronkorken, merkt sich die Nummer und verwahrt ihn so, daß kein Mitspieler die darauf notierte Zahl erkennen kann. Jetzt werfen Sie, ohne erst Killer werden zu müssen – weil Ihre Gegner ja dann erkennen können, welche Zahl Sie gezogen haben -, auf ein x-beliebiges Double, in der Hoffnung, eines Ihrer Gegner zu treffen. Trifft einer Ihrer Mitspieler eines Ihrer Doubles, lassen Sie

sich nichts anmerken, da sonst ein Run auf dieses Segment einsetzt. Die Zahlen von 1 bis 20 notieren Sie auf einer Tafel oder einem Stück Papier, jedes abgeschossene Double wird durch einen Strich hinter der entsprechenden Zahl festgehalten. Ist ein Doppel fünfmal getroffen worden, und war dieses Segment von einem Spieler belegt, so muß sich dieser melden, seinen Kronkorken zeigen und aus dem Spiel ausscheiden. Wer am Schluß übrig geblieben ist, hat gewonnen. Lassen Sie sich trotzdem noch einmal den Kronkorken zeigen – vielleicht sind Sie ja einem Schwindler aufgesessen.

Mensch, ärgere Dich nicht

Ein Spiel, mit dem Sie Ihre Treffsicherheit auf den Bull trainieren können. Gespielt wird mit maximal vier Teilnehmern, wobei Sie zuerst die Reihenfolge festlegen sollten. Jeder Spieler muß, um eröffnen zu können, einen Bull (Single oder Double) werfen. Dafür stehen ihm drei Darts zur Verfügung. Gelingt es rnit dem ersten Pfeil, wirft er mit den verbleibenden Darts ein 101er Finish. Trifft er mit dem zweiten, kann er mit dem dritten schon mal den Score von 101 Punkten angehen und dann im nächsten Durchgang die Restpunktzahl checken. Schafft er es erst mit dem dritten Dart, kann er mit drei neuen Pfeilen im

nächsten Durchgang auf Finishjagd gehen. Checkt er nun mit drei Darts 101 Punkte, bekommt er einen Punkt, vergleichbar mit einem Hütchen im Haus, dann kommt der nächste an die Reihe. Schafft er das Finish mit zwei Darts (also mit Treble 17 – Bullseye), kann er mit seinem letzten Dart einen Bull werfen und damit ein neues Spiel für sich eröffnen, das er im nächsten Durchgang fortsetzen kann. Läßt er aber eine Punktzahl übrig, beispielsweise 25 Punkte, weil er nur den Single Bull getroffen hat, und einer der nächsten Spieler hat die gleiche Punktzahl als Rest, so wird er „rausgeworfen". Er muß dann, wenn er wieder an der Reihe ist, erneut mit einem Bull sein Spiel eröffnen. Wenn er nicht rausgeworfen wurde, darf er in der nächsten Runde mit seiner Restpunktzahl checken und bekommt dafür einen Punkt. Wer zuerst vier Punkte erreicht hat (alle Hütchen im Haus), ist der Gewinner.

Mogli's

Ein prima Trainingsspiel für alle, die es im Dartsport weit bringen wollen. Alle 301- und 501-Spiele müssen mit einem Double beendet werden. Dieses Spiel soll Ihnen helfen, durch konsequentes Werfen auf die Doppelsegmente die nötige Ruhe und Sicherheit zu bekommen, die Sie als Turnier- oder Ligaspieler brauchen, um dann im Wettkampf erfolgreich zu sein. Es funktioniert folgendermaßen: Zum Beginn müssen Sie die Double 1 und zum Schluß das Bullseye treffen. Die Doppelsegmente dazwischen werden in der numerischen Reihenfolge abgeschossen. Wenn Sie zu zweit oder zu mehreren spielen, werfen Sie abwechselnd oder nacheinander jeweils drei Darts auf die entsprechenden Segmente. Treffen Sie Ihr anvisiertes Double mit einem der beiden ersten Pfeile, dürfen Sie mit den verbleibenden Darts schon auf das nächste Double werfen. Treffen Sie mit dem dritten Dart, können Sie mit noch einmal drei neuen Pfeilen die nächsten Doubles angehen usw. Sie können also durchmarschieren, ohne daß Ihr Gegner je ins Spiel gekommen ist.

Aber wie bei den meisten Spielen gibt es auch hier ein Handicap: Wenn Sie mit einem Ihrer Pfeile ein niedrigeres Double treffen, als Sie anvisiert haben, müssen Sie auf dem nächsthöheren Feld weitermachen. Schießen Sie also auf die Double 19 und treffen versehentlich die Double 7, geht es für Sie auf der Double 8 weiter, bis Sie wieder bei der Double 20 angelangt sind und dann auf das Bullseye werfen können. Treffen Sie dagegen ein höheres Double als vorgesehen, bleibt dies ungeahndet, und Sie machen mit dem Double weiter, das gerade an der Reihe ist.

Der Spieler, der als erster das Bullseye erreicht und getroffen hat, ist der Sieger. Spielen Sie dieses Trainingsspiel so oft wie möglich – der Einsatz lohnt sich!

Richie's

Ein Spiel, bei dem der Bull eine entscheidende Rolle spielt. Pro Durchgang werfen Sie drei Darts, wobei Sie mit den ersten beiden Pfeilen so hoch wie möglich punkten müssen. Abgeschlossen wird anschließend mit einem Wurf auf den Bull. Verfehlen Sie ihn, werden Ihnen keine Punkte gutgeschrieben. Treffen Sie den einfachen Bull, zählen alle Punkte, die Sie mit den drei Darts erzielt haben. Schießen Sie jedoch zum Abschluß ins Bullseye, zählen alle von Ihnen erzielten Punkte doppelt.

Beispiel:

S20 – S20 – Bull verfehlt = 0 Punkte
S20 – S20 – S25 = 65 Punkte
S20 – S20 – D25 = 180 Punkte.

Ziel des Spieles ist, eine vorher von Ihnen und Ihren Mitspielern festgelegte Punktezahl zu erreichen, wobei abwechselnd oder nacheinander geworfen wird. Die Anzahl der Spieler ist unerheblich, es macht aber wesentlich mehr Spaß, je mehr Spieler oder Teams teilnehmen.

Um das Spiel zu variieren, können Sie
■ die zu werfende Punktzahl vorher festlegen. Sie muß dann genau einge-

halten werden. Die Mindestpunktzahl beträgt 25 (Single Bull), die Anzahl der geworfenen Darts ist unerheblich;
- bestimmen, daß der Bull auch mit den ersten beiden Darts und nicht erst mit dem dritten Pfeil geworfen werden kann;
- Handicaps für bessere Spieler und/oder Erleichterungen oder Punktevorgaben für schwächere festlegen.

Robin Hood

Diese Variante des Dartspielens dient nicht etwa dazu, den Reichen zu nehmen, um es den Armen zu geben, sondern die Arme zu heben, um reichlich zu werfen.

Das Spiel beginnt mit dem Wurf auf den Bull (man sagt auch „nearest the bull" oder „diddle for middle"), um die Spielerreihenfolge zu ermitteln (wer am nächsten zum Bull landet, beginnt usw.). Der erste Spieler versucht nun mit drei Darts, eine möglichst hohe Punktzahl zu erzielen, die dann vom darauffolgenden Schützen überboten werden muß. Gelingt ihm das nicht, verliert er eines seiner zehn Leben. Auf jeden Fall aber zählt sein Score, ob er überboten hat oder nicht, als Vorgabe für den nächsten Darter, der dann seinerseits auf Highscorejagd geht.

Robin Hood kann mit beliebig vielen Teilnehmern gespielt werden. Verlierer ist der, der als erster seine zehn Leben

verwirkt hat. Bei größeren Leistungsunterschieden empfehle ich, den stärkeren Spielern ein Handicap aufzuerlegen. Sie müssen zum Beispiel mindestens 60 Punkte werfen oder sie verlieren eines ihrer Leben. Man kann ihnen auch statt zehn nur fünf Leben zugestehen oder den schwächeren Spielern fünfzehn oder sogar zwanzig. Um es für die Spieler, die vorzeitig alle Leben verloren haben, nicht zu langweilig werden zu lassen, sollten sie nicht bis zum letzten Überlebenden ausharren müssen, sondern nach dem ersten Ausscheiden eines Spielers gewinnt der zu diesem Zeitpunkt erfolgreichste Werfer, also derjenige, der die meisten Leben übrig hat.

Seven Eleven – Next Room

Es ist das Trainingsspiel mit den einfachsten Regeln und bietet die Möglichkeit, alle Zahlen und deren Segmente zu trainieren. Sie müssen bei diesem Spiel versuchen, alle Zahlen von 1 bis Bull in numerischer Reihenfolge mit möglichst wenigen Darts abzuwerfen, und dabei eine möglichst hohe Punktzahl erreichen. Dabei werden alle Segmente einer Zahl gewertet, also Single, Double und Treble. Werfen Sie demzufolge statt einer Single 1 die Treble 1, haben Sie nicht nur die erste Zahl abgeworfen, sondern auch gleich drei Punkte erzielt, die auf Ihrem Konto gutgeschrieben werden.

Da Sie, wie gesagt, in diesem Spiel die Reihenfolge der Zahlen einhalten müssen und erst auf die nächste Zahl werfen dürfen, wenn Sie die vorhergehende getroffen haben, gilt stets: Die anvisierte Zahl treffen, und zwar so, daß statt „nur" dem Single das Double oder Treble getroffen wird. Hat ein Spieler alle Zahlen abgeworfen, sein Gegner jedoch noch nicht, darf er wieder von vorn anfangen (bei der 1 und dann die numerische Reihenfolge einhalten) und solange punkten, bis sein Gegner alle Zahlen getroffen hat. Wer am Ende die meisten Punkte auf seinem Konto hat, ist der Gewinner.

Shanghai

Dieses Spiel ist sehr abwechslungsreich. In der einen Minute ist man an der Spitze und scheint uneinholbar, in der nächsten schon kann man ins hintere Mittelfeld zurückfallen und muß sich bemühen, wieder Anschluß zu bekommen. Sie können es allein – zum Training – oder mit beliebig vielen Teilnehmern als Einzel oder als Doppel (zwei Spieler aus einem Team werfen abwechselnd) spielen.

Von links nach rechts zeigt die Tabelle die festgelegte Reihenfolge der zu treffenden Zahlen. Ziel des Spiels ist es, auf einer Zahl mit drei Pfeilen nacheinander, aber in beliebiger Reihenfolge Shanghai zu erzielen, also das Single, Double und Treble zu treffen. Wem dies gelingt, bei welcher Zahl auch immer, hat das Spiel gewonnen. Ausnahmen sind SB (Little- oder Single Bull), D (Double), T (Treble), 41 und B (Double Bull oder Bullseye). Bei LB zählt nur der äußere Bull-Ring, bei B dementsprechend nur das Bullseye. Doubles und Trebles gelten von 1 bis 20, wobei Bullseye auch als Double 25 gezählt werden kann. Die Zahl 41 muß mit drei Darts geworfen werden, das heißt, jeder Dart muß mindestens einen Punkt erzielen. Fällt einer der

20	16	5	SB	7	19
D	13	12	1	T	17
4	41	18	3	10	B

Double, Single, Treble auf einem Feld mit drei Darts = Shanghai

Name	20	16	5	Single Bull	7	19	Double	13

Spielbogen für Shanghai

12	1	Treble	17	4	41	18	3	10	Bullseye

drei Darts heraus oder fliegt am Board vorbei, ist die Aufgabe „41" nicht gelöst. Das hat zur Folge, daß der bis dahin erreichte Score halbiert wird. Das gilt natürlich auch für die übrigen Felder. Wer mit seinen drei Pfeilen nicht mindestens einmal pro Feld trifft, muß sich von der Hälfte seines Punktestandes verabschieden; bei ungeradem Score wird aufgerundet. Wer auf einer Zahl Shanghai erzielt, beendet das Spiel als Sieger, es sei denn, einer der nachfolgenden Spieler wirft auf dieselbe Zahl ebenfalls Shanghai und hebt das vorhergehende damit auf. Dann wird in der Reihenfolge weitergespielt. Schafft keiner ein Shanghai, gewinnt immer der Spieler mit der höchsten Punktzahl. Die Grafik auf Seite 56/57 ist ein Vordruck eines Shanghai-Spielprotokolls, wie es in meinem Dart-Klub schon seit Jahren Verwendung findet.

Für die Highscore-Jäger unter Ihnen: Bei perfekter Spielweise können Sie 1901 Punkte erzielen, was allerdings bedeutet, daß Sie nicht auf Shanghai spielen können, sondern bei jeder Zahl oder jedem Feld die maximale Punktzahl erreichen müssen. Natürlich sind 171 Punkte durch drei Treble 19 höher als das auf diese Zahl geworfene Shanghai, wofür es nur 114 Punkte gibt. Aber wie Sie das Spiel werten wollen, entscheiden nur Sie und Ihre Mitspieler.

Sing Sing

Die Reihenfolge der Spieler ermitteln Sie, indem jeder Teilnehmer einen Dart möglichst nahe am Bull plaziert. Wer am nächsten dran ist, beginnt usw. Sinn des Spiels ist, den Gegner direkt anzugehen und ihm das Leben so schwer wie möglich zu machen. Und das funktioniert so: Es gelten alle Segmente des Boards, die von einem Draht umschlossen sind. Dazu gehört beim Sing Sing auch der äußere Ring, der die Wertigkeit anzeigt, denn auch er hat Segmente, die umschlossen sind, beispielsweise die 0 der 20 oder die Kreise der 8. (Achtung: bei neueren Boards besteht der äußere Ring aus Plastik und ist im Nu zerschossen; das ist zwar irgendwie herausfordernd, aber nicht sehr empfehlenswert.) Der erste Spieler versucht nun, ein „schwieriges" Segment zu treffen. Dazu stehen ihm drei Darts zur Verfügung. Der erste Dart, der ein von einem Draht eingeschlossenes Segment trifft, zählt. Dazu gehört allerdings nicht der „tote" Raum zwischen dem Doppelring und dem Zahlenring. Der ist zwar auch eingezäunt, aber vorbeigeworfen bleibt nun mal vorbeigeworfen. Trifft der erste Spieler kein Segment, verliert er eines seiner zehn Leben. Nun hat er aber noch drei weitere Pfeile zur Verfügung, mit denen er bestimmt ein Segment trifft. Der ihm nachfolgende Spieler muß nun mit

Neben allen Segmenten des Boards zählen alle Räume, die von einer Ziffer komplett umschlossen sind

einem von drei Darts dieses Segment treffen. Gelingt ihm das mit dem ersten, hat er noch zwei Pfeile, um dem nächsten Schützen ein möglichst schwierig zu treffendes Segment zu hinterlassen. Trifft er erst mit dem dritten Dart, hat er drei weitere Würfe, um dem nachfolgenden Spieler vor eine kaum lösbare Aufgabe zu stellen. Es kann vorkommen, daß man aus taktischen Gründen die beiden ersten Darts mit Absicht verwirft, um mit dem dritten zu treffen. Sogar dann gibt es jedoch Spieler, die mit Absicht daneben werfen und so ein Leben verlieren, aber, wie gesagt, drei neue Darts haben, um ein ganz schwieriges Feld zu treffen. Dies hängt einerseits vom Spielstand, andererseits von zwischen-

menschlichen Komponenten ab. Wer ganz clever und geschickt ist, trifft eines der schwierigen Felder, also Bullseye, die 0 der 20 oder den Kringel der 16. Wer aber alle Leben verloren hat, scheidet aus und muß den Rest des Spiels zusehen. Selbstverständlich können Sie auch das Spiel hier abbrechen. Dann gewinnt der Spieler mit den meisten.

Um aus Sing Sing, das zu den attraktivsten Wettbewerben eines Spielabends gehört, ein richtiggehendes Erlebnis zu machen, sollten Sie Paare (Teams) bilden, die nach dem Ende eines Durchgangs immer wieder neu formiert werden können. Das hebt die Stimmung und fördert den Ehrgeiz.

Tactics

Das Spiel entsprang der Idee, gezielt verschiedene Zahlen zu treffen und dabei die Treble-, Double- und Single-Segmente zu trainieren. Dieses Mal gelten die Zahlen von 12 bis 20, der Bull sowie Double und Treble. Sinn des Spiels ist es nun, mit einem möglichst geringen Aufwand an Würfen jede dieser Zahlen oder Segmente dreimal „abzuschießen". Bei den Zahlen von 12 bis 20 zählen alle Segmente, bei Bull der Single Bull sowie das Bullseye und bei den Aufgaben Double und Treble nur die von 12 bis 20 sowie das Bullseye für Double. Die Zahlen von 1 bis 11 gehören überhaupt nicht zu die-

sem Spiel, weder als Single noch als Treble oder Double.
In welcher Reihenfolge sie die Zahlen und Felder treffen, ist unerheblich, Sie sollten aber so vorgehen, daß Ihr Gegner keine Chance mehr hat, darauf zu punkten. Denn: Ist ein Feld bei einem Spieler noch offen – also mit weniger als drei Treffern versehen, können die Gegner, auch wenn sie dieses Feld selbst schon geschlossen haben, darauf trotzdem weiter punkten. Die Ergebnisliste unten veranschaulicht das sehr gut. Die anderen Spieler können auf der 20 noch punkten, weil A erst zweimal dort getroffen hat. Sie kön-

Um beim Tactics scoren zu können, müssen die gezeigten Felder und Segmente getroffen werden

	A	Punkte A	B	Punkte B
20	X X	57	X X X	60
19	X X X	76	X X	103
18	X X	91	X	153
17	X		X X	
16	X X		X X X	
15	X X X		X X	
14	X		X	
13	X X		X X	
12	X		X	
TREBLE	X		X X X	
DOUBLE	X		X X X	
BULL	X X		X	

Beispiel eines Spielprotokolls Tactics

nen aber auch weiterhin, wenn A die 20 mit seinem dritten Treffer schließt, dort scoren, müssen dazu aber das Treble oder das Double treffen. Ziel ist es nun, alle gültigen Felder dreimal abzuschießen und am Schluß mehr Punkte auf seinem Konto zu haben, als die anderen Spieler. Beendet ist das Spiel, wenn ein Spieler alle Felder geschlossen und dabei aktuell mehr Punkte auf seinem Konto hat als der Gegner. Besitzt er in diesem Moment weniger Punkte, muß er auf den offenen Feldern des Gegners weiterscoren, bis er dessen Punktzahl übertrifft. Das kann aber auch mißlingen, da der Gegner weiterhin die Chance hat, seine Felder zu schließen und seinerseits zu gewinnen.

Target

Für wen wäre es nicht das höchste der Gefühle, nur ein einziges Mal drei Darts ins Bullseye zu werfen? Falls es Ihnen genauso geht, wird Ihnen diese Variante des Dartspielens sicherlich gut gefallen.

Hängen Sie am Board einen Bierdeckel so auf, daß der Bull symmetrisch abgedeckt ist und der Filz sich genau im Zentrum der Scheibe befindet. Versuchen Sie nun von der Standleiste aus, den Filz mit einem Dart zu treffen. Haben Sie es geschafft, dürfen Sie nun einen Schritt in Richtung Board machen, um das gleiche von dort zu

wiederholen. Ist es Ihnen abermals gelungen, gehen Sie von der Standleiste aus einen Schritt nach hinten, und werfen Sie Ihren dritten Dart in den Filz. Wie Sie sicherlich recht schnell merken werden, sind drei Treffer kein Kinderspiel, und wer vorher dachte, es ist einfacher, näher zum Board stehend zu treffen, wird sehr schnell eines Besseren belehrt. Aber wie bei den meisten Spielen gibt es auch hier einen kleinen Trick. Werfen Sie von der Standleiste aus wie gewohnt auf den Bull. Näher zum Board stehend zielen Sie auf einen imaginären Punkt unter, weiter entfernt vom Board stehend über dem Bierfilz. So können Sie sich nach einer Weile des Übens sicher sein, Ihren verdutzten Mitspielern eine Nasenlänge vorauszueilen.

Teddy's

Dieses Spiel ist ein Pendant zu „170". Der Ausgangsscore beträgt zehn Punkte. Der erste Werfer hat nun drei Darts, um diese zehn Punkte zu chekken. Gelingt es ihm, erhöht sich der Score um weitere zehn Punkte. Beendet der darauffolgende Werfer diese zwanzig Punkte mit einem Double, erhöht sich der Score um weitere zehn Punkte. Checkt ein Spieler den von seinem Mitspieler vorgegebenen Score nicht, wird jeweils ein Punkt abgezogen. Ein Beispiel: Sie werfen auf Double 5, treffen und erhalten somit zehn Punkte dazu. Ihr Mitspieler hat somit eine Vorgabe von zwanzig Punkten, die er mit einer Double 10 oder mit einer Kombination, beispielsweise Single 4 und Double 8 finishen kann. Wenn er checkt, erhöht sich Ihr vorgegebener Score auf dreißig, wenn er nicht checkt, verringert er sich um einen Punkt auf neunzehn Punkte.

Bei einem Übungs- oder Trainingsspiel ist ein Zweikampf ideal, weil dann ein regelrechtes Wetteifern entsteht. Für ein erreichtes Finish bekommen Sie dessen Punktzahl gutgeschrieben. Wer am Ende eine vorher festgelegte Punktzahl als erster erreicht, gewinnt den Durchgang. Bei einem Ligaspiel oder einem Turnier sollten Sie Teddy's in Ihr Aufwärmprogramm aufnehmen. Denjenigen, die schon etwas Erfahrung beim Dartspielen haben, empfehle ich, die Gelegenheit zu nutzen, um ihren Mitspielern einige Möglichkeiten des Kombinierens zu zeigen. Das Spiel hat dann nicht nur einen guten Trainingscharakter, sondern es ist auch wesentlich interessanter, wenn gleichstarke Spieler antreten.

Tennis

Das Spiel, das im richtigen Leben die Massen begeistert und Millionen vor den Fernseher und auf das Bankkonto bringt, wird Ihnen sicherlich bald sehr viel Freude bereiten. An Spielabenden, wenn Sie mit Freunden um Sieg oder Niederlage kämpfen, werden Begriffe wie „Break", „Deuce" und „Advantage" die Spiele begleiten und die Sieger-Faust zum Symbol für erfolgreiche Spieler werden.

Beim Darts funktioniert Tennis so: Die Zahlen 15, 30 und 40 stehen beim Tennis für den ersten, zweiten und dritten Punkt. Zu einem Spielgewinn braucht der Spieler vier Punkte bei einem Mindestvorsprung von zwei Punkten. Bei einem Stand von 40:15 reicht dem Aufschläger ein Punkt, um das Spiel zu gewinnen, bei 15:40 entsprechend dem Rückschläger. Beim Spielstand von 40:40, also Einstand (Deuce), gewinnt derjenige, der den nächsten Punkt macht, einen Vorteil (Advantage) und kann mit dem folgenden Punkt das Spiel gewinnen. Falls ihm das nicht gelingt, ist wieder Einstand usw. Für jedes gewonnene Spiel erhält der Spieler einen Spielpunkt. Mit sechs Spielpunkten hat er einen Satz gewonnen, bei einem Mindestabstand von zwei Spielen. Beim Spielstand von 6:6 kommt es zum sogenannten Tiebreak. Doch davon später. Jetzt erst einmal zum Spielablauf. Sie sollten auf alle Fälle zu zweit gegeneinander antreten. Wer von Ihnen beginnt, muß 15, 30 und 40 Punkte (jede Punktzahl mit einem Dart) sowie anschließend den Single Bull mit möglichst wenigen Darts treffen, wobei selbstverständlich im Wechsel mit dem Gegner jeweils drei Pfeile geworfen werden. Es spielt keine Rolle, ob Sie beispielsweise die 15 mit der Single 15 oder der Treble 5 erreichen. Das gleiche gilt für die Zahl 30, die Sie entweder durch Treble 10 oder Double 15 erzielen können. Für die 40 steht Ihnen die Double 20 zur Verfügung. Den vierten Punkt oder bei Einstand den Vorteil und den Spielgewinn bekommen Sie, wenn Sie den Single Bull treffen.

Ein Beispiel: Sie haben Aufschlag und werfen mit den ersten drei Darts die Single 15 sowie die Treble 10. Nachdem Ihr Gegner nur die 15 getroffen hat, werfen Sie die Double 20 und könnten mit einem Single Bull das erste Spiel für sich entscheiden. Da Sie aber neben den Bull werfen, kann Ihr Gegner die Double 15 sowie Double 20 treffen und schießt mit seinem dritten Dart Bullseye. Er hat somit zwei Punkte Vorsprung, ist damit der Sieger des ersten Durchgangs und hat ein Break geschafft. Er eröffnet dann das nächste Spiel und versucht, sein Service durchzubringen. Gelingt Ihnen im Laufe des ersten Satzes ein Rebreak und es kommt zu einem 6:6 – Unentschieden, entscheidet im darauffolgenden Tiebreak wieder der Bull. Wer als erster Spieler sieben Bulls bei einem Vorsprung von zwei Bulls getroffen hat, gewinnt dadurch den ersten Satz. Legen Sie vor dem Spiel die Regeln

fest, und machen Sie die Anzahl der Gewinnsätze aus. Auf diese Weise sind im Verlauf des Spiels keine Fragen mehr offen, und das Turnier kann beginnen. Apropos Turnier: Vielleicht sollten Sie Ihre Freunde und Bekannten zu einem Turnierabend einladen, wobei Sie in einem einfachen K.O.-System (S. 90) den Sieger ermitteln können. Wer weiß, vielleicht ist ja ein richtiger Dart-Tenniscrack unter Ihnen.

Tic Tac Toe

Sie und Ihre Mitspieler füllen die neun Felder eines Quadrats (Beispiel S. 64) mit Zahlen, die Sie im Anschluß auch werfen müssen. Seien Sie bei der Auswahl nicht zu nachsichtig, aber auch nicht zu hart mit sich selbst und Ihrem Gegner. Wie Sie die verschiedenen Zahlen mit jeweils drei Pfeilen erreichen, bleibt ganz Ihnen überlassen. Damit das Spiel aber Trainingscharakter bekommt, sollten Sie stets ein Finish spielen, also zum Schluß ein Double werfen.

Der Clou des Spiels: Sie müssen nun in dem Raster eine Reihe durch Abwerfen der vorgegebenen Zahlen so belegen, daß Sie drei Felder horizontal, vertikal oder diagonal verbinden können. Gelingt es Ihnen, haben Sie dieses Quadrat gewonnen. Kennzeichnen Sie die von Ihnen getroffenen Zahlen mit einem X, die Ihres Gegners mit einem Kreis. Hat Ihr Geg-

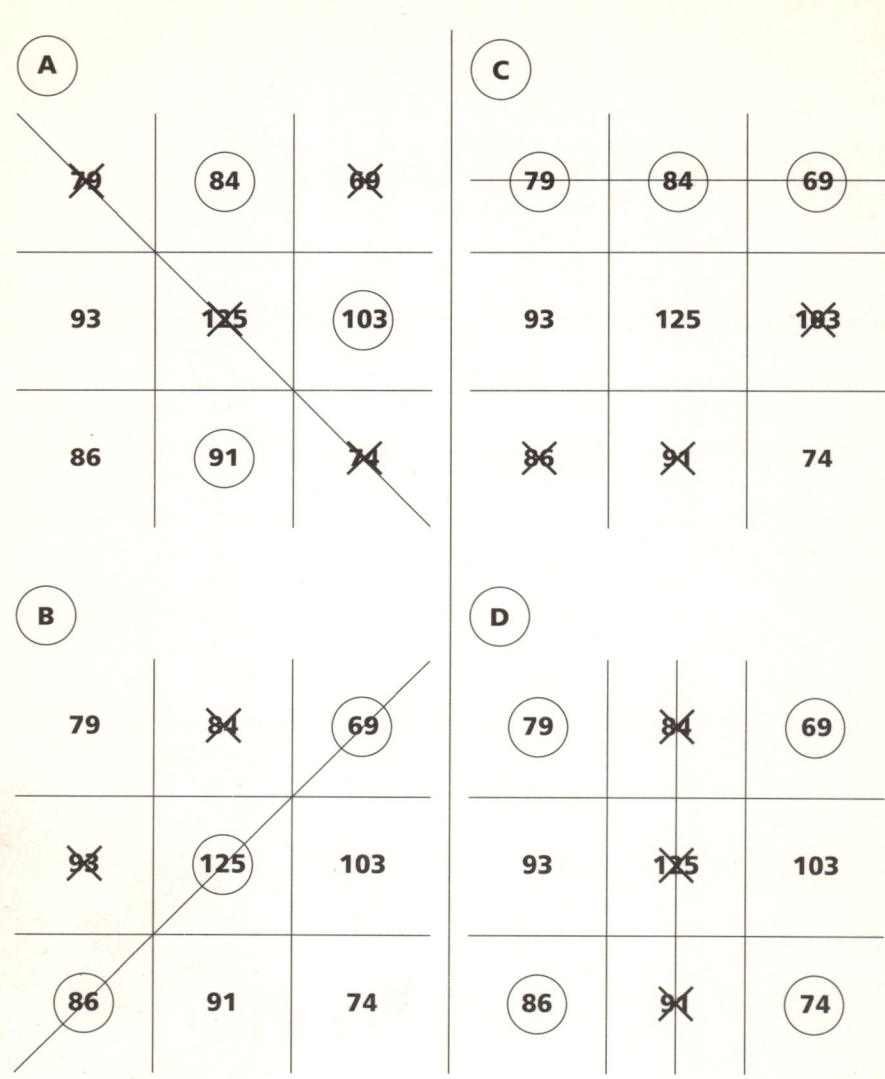

Beispiel eines Spielprotokolls Tic Tac Toe   (C) :   HORIZONTAL

(A) + (B) : DIAGONAL   (D) :   VERTIKAL

ner seinerseits mittlerweile zwei Felder einer Reihe mit seinem Symbol kennzeichnen können, müssen Sie nun versuchen, das ihm fehlende Feld für sich zu belegen, damit er das Quadrat nicht für sich entscheiden kann. Hat ein Spieler das Spiel beendet, und es sind verschiedene Zahlen offen geblieben, sollten Sie diese ins nächste Spiel übernehmen. Füllen Sie die verbleibenden Felder mit anderen Zahlen auf, wobei Sie stets höhere als die bereits erzielten nehmen sollten.

Volleyball

Es ist Ihnen sicherlich bekannt, daß beim Volleyball nur die Mannschaft punkten kann, die Aufschlag hat. Bei dieser leicht abgewandelten Form des Volleyballspiels ist es genauso. Das Spiel kann mit beliebig vielen Teilnehmern gespielt werden, die dann in zwei Mannschaften gegeneinander antreten. Nun legen Sie innerhalb der Teams die Reihenfolge der Spieler fest und ermitteln durch Werfen auf den Bull, welche Mannschaft am Anfang Aufschlag hat. Der erste Spieler der aufschlagenden Mannschaft muß nun mit drei Pfeilen einen Single Bull treffen. Dann hat er die Möglichkeit, mit drei Darts durch das Abschießen eines oder mehrerer frei zu wählender Doubles zu punkten. Wer allerdings vor dem Single Bull einen Double Bull trifft, kann nicht punkten.

Wenn Sie aber den Single Bull getroffen haben, dürfen Sie mit den verbleibenden Darts auf Doubles Ihrer Wahl schießen, die bei Erfolg mit voller Punktzahl auf Ihrem Konto gutgeschrieben werden. Natürlich dürfen Sie jetzt auch das Bullseye abwerfen. Aber Vorsicht: der Single Bull ist nicht weit.

Danach ist der erste Spieler des Gegners an der Reihe, einen Single Bull zu schießen, um seinerseits punkten zu können. Gelingt ihm das nicht, kann der nächste Darter Ihres Teams, ohne Wurf auf Single Bull, mit drei Darts weiterpunkten. Wenn der Gegner aber am Aufschlag war, also Single Bull getroffen hat, müssen Sie, wenn Sie wieder an der Reihe sind, erst wieder Single Bull werfen, um weiter punkten zu können. Um das Spiel jetzt noch interessanter zu gestalten, können Sie vor Spielbeginn eine Punktzahl ausmachen, die mit den abgeworfenen Doubles erreicht werden muß. Sind beispielsweise 200 Punkte ausgemacht, können beide Mannschaften nur gewinnen, wenn Sie mit Ihren getroffenen Doubles genau auf diese Zahl kommen. Selbstverständlich können Sie auch beim Volleyball Ihre eigenen Versionen spielen. Beispielsweise können Sie vorher ausmachen, daß eine Mannschaft nur auf grünen, die andere nur auf roten Doppelfeldern punkten kann.

Der Wettkampf

Sie haben sich also mit dem Dartspiel vertraut gemacht, die Ausrüstung beschafft, die Technik gelernt und aus den zahlreichen Vorschlägen Ihre Lieblingsspiele herausgepickt und auch schon öfter mal gewonnen. Nun wird es Zeit, wenn Sie Lust und Interesse haben, an den richtigen Wettkampf heranzugehen. Der hat natürlich seine eigenen Gesetze, wie Sie bald merken werden. Damit Sie rascher Erfolg haben, gebe ich Ihnen in diesem Kapitel einige Tips zum Verhalten beim Spiel und stelle verschiedene Finishvariationen vor. Außerdem sind die wichtigsten Regeln gesondert aufgeführt.

Kleine Tricks beim 501

Falls Sie noch nie 501 gespielt haben, werden Sie sich ein paar Tricks aneignen müssen, um gegen erfahrene Spieler bestehen zu können.
Ziel des Spiels ist, vor Ihrem Gegner ein Finish oder ein Double zu erreichen, um im Anschluß daran das Spiel gewinnen zu können. Das gelingt Ihnen natürlich nur, wenn Sie weniger

Fehler machen als er. Erfahrung und einige Kniffe sind beim sicheren und vor allem beständigen Scoren sehr hilfreich. Als Sportler streben Sie selbstverständlich stets Höchstleistungen an und versuchen immer, ein möglichst schnelles, also kurzes Spiel. Dazu sind maximale Punktzahlen – 100, 140, 180 – und zum Abschluß ein High Finish erforderlich. Was tun Sie aber, wenn es mit dem Scoren noch nicht so recht klappt? Wenn Sie statt „Tons" (100) und „Tonforties" (140) nur „Chips" (26) und „Fortyfives" (45) werfen, Ihr Gegner dagegen sicher und beständig gegen Null punktet? Dann sollten Sie sich überlegen, ob Sie trotz Ihrer momentanen Pechsträhne weiterhin sturheil auf die 20 werfen wollen, um das Spiel letztendlich zu verlieren, oder ob Sie sich entschließen, kleine Varianten einfließen zu lassen, damit Sie doch noch einen guten Punkteschnitt bekommen. Dazu gehört, daß Sie sich nicht an einem Feld festbeißen, sondern zwischendurch auch einmal auf eine andere Zahl werfen, selbst wenn die nicht so hoch wie die 20 oder die 19 ist. Versuchen Sie doch einmal, die

Kombination 20 – 19 – 18 in Ihr Spiel einfließen zu lassen. Oder verbinden Sie Ihren Score mit einem Wurf auf den Bull. Oder werfen Sie einmal mit drei Darts auf die Treblesegmente der Nachbarfelder 11 und 14. Sie werden erstaunt sein, wie viele Punkte Sie mit diesen Varianten erzielen. Dies hat außerdem den Vorteil, daß Sie durch das Werfen auf andere Felder und dem damit verbundenen höheren Score insgesamt sicherer werden und zwischendurch wieder einmal in Ruhe auf die 20 werfen können. Sie werden erkennen, daß durch dieses Zusammenspiel sämtlicher Felder und Segmente des Boards ein recht ansehnlicher Punkteschnitt zusammenkommt, mit dem sich auch Spiele gewinnen lassen.

Die Konzentration auf Ihr Spiel führt zum Erfolg

Nun zum Verhalten während des Spiels. Wie Ihr Gegner versuchen auch Sie, das Spiel zu gewinnen. Wenn Sie aber beobachten, wie er einen Topscore nach dem anderen wirft, wird das Ihrem Spiel nicht gerade zuträglich sein. Dagegen hilft aber auch Wegsehen nichts. In dieser Situation haben Sie nur dann eine Chance, wenn Sie sich auf Ihr Spiel konzentrieren, wenn Sie sich darin vertiefen. Sehen Sie sich ruhig seine Würfe an, aber der Restscore Ihres Gegners ist für Sie nicht so wichtig, er lenkt Sie nur ab. Wichtig ist Ihr eigenes Spiel. Wenn ihm Ihre ganze Aufmerksamkeit gilt, werden Sie erfolgreich sein und dadurch Ihren Gegner seinerseits nervös machen. Seine Fehler häufen sich nun, Sie werden immer ruhiger. Nur wer mit Ruhe und Gelassenheit in einen direkten Vergleich geht, hat auch Chancen, ihn zu gewinnen. Dem Nervösen und dem Zappelphilipp bleibt der zweite Platz.

Das Finish

Der Begriff Finish steht für das Beenden eines Legs (in der Regel mit drei Darts), das heißt, Sie werfen alle restlichen Punkte ab, sind auf Null und haben damit gewonnen. Ein Finish kann aus einer beliebigen Kombination von Treble-, Single- und Double-

Segmenten bestehen, allerdings muß am Ende immer ein Double stehen, denn es wird ja double out gespielt. Es macht also wenig Sinn, wenn Sie beispielsweise bei einem 170er Finish das Bullseye zuerst werfen und dann, mit nur noch zwei Darts, keine Chance auf ein Check haben. Ein Finish ist eine logische Folge von Würfen, die vor der Aufnahme feststehen sollte. Selbst Weltmeister und andere Dart-Superstars wählen nur Kombinationen, die beste Chancen auf Erfolg bieten. Es ist bislang nicht nur einmal vorgekommen, daß Spieler mit drei Darts in der Hand und 52 Punkten Rest den ersten Pfeil gleich in die Treble 20 geworfen haben. Klares Pech, wenn sie auf die große 20 und sogar auf Tops (Double 20) gezielt haben. Übermut, wenn sie das Risiko, gleich mit dem ersten Dart zu busten (zu überwerfen), kannten und es trotzdem versucht haben. Um all dem aus dem Weg zu gehen, sollten Sie sich sinnvolle Kombinationen ausdenken. Bei 52 Punkten Rest zum Beispiel Single 12 – Double 20. Hier besteht sogar die Möglichkeit, bei einem ungewollten Wurf in die Treble 12 noch mit Double 8 zu checken. Und selbst die Nachbarsegmente sind so niedrig, daß Sie bei einem Fehlwurf die verbleibenden Darts dazu benutzen können, das Spiel noch nach Hause zu fahren. Ein anderes Beispiel:

Wer bei 126 Punkten Rest versucht, die Treble 20 zu werfen und damit Erfolg hat, hat noch zwei Darts übrig, um mit 66 Rest zu checken. Die einfachste Lösung ist jetzt Single 16 und Schuß auf Bullseye. Probieren Sie erst gar nicht, die Treble 10 für dann 36 Punkte Rest, also Double 18, zu treffen. Natürlich, wenn Sie treffen, sieht es gut aus. Treffen Sie aber nicht, haben Sie eine gute Chance ausgelassen, um das Spiel für sich zu entscheiden, denn von den umliegenden Segmenten aus ist es so gut wie unmög-

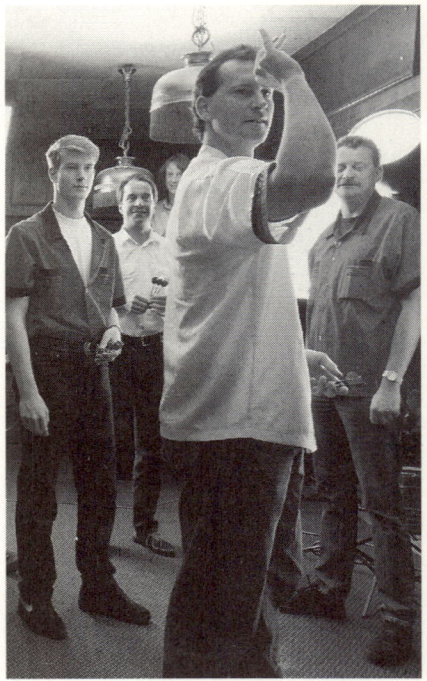

Zielen

68

lich, mit zwei Darts zu checken. Haben Sie außerdem vor der Aufnahme einmal daran gedacht, daß Sie die Treble 20 verfehlen könnten und damit natürlich auch die anderen Überlegungen ins Wasser fallen? Sie sollten also eine andere Kombination ausprobieren, die auch dann noch Chancen offenläßt, wenn Sie zuerst ein Single werfen. Beispielsweise Single 19 – Treble 19 – Bullseye oder Single 25 – Treble 17 – Bullseye. Halten Sie sich stets alle Wege offen, um beim Finish erfolgreich zu sein. Als kleine Hilfestellung sind im nächsten Kapitel „Finish-Kombinationen" die empfehlenswertesten sowie weitere sinnvolle Möglichkeiten aufgeführt. Wer lieber seine eigenen Kombinationen spielt, sollte trotzdem die Vorschläge erst einmal unter die Lupe nehmen und nach den obengenannten Kriterien analysieren.

Werfen

Finish-Kombinationen

Wie Sie bereits wissen, können Sie ab der Punktzahl 170 abwärts – mit wenigen Ausnahmen – ein Finish mit drei oder weniger Darts spielen. Für die möglichen Kombinationen gibt es Tabellen, sogenannte Out Shot Calculator, mit diversen Finish-Vorschlägen. Leider sind dort nicht immer die sinnvollsten Kombinationen aufgeführt. So wird beispielsweise bei einer Punktzahl von 122 die Kombination Treble 20 – Treble 10 – Double 16 empfohlen, obwohl jeder clevere Spieler die Kombination Treble 18 – Single 18 – Double 25 bevorzugt, weil die ihm mehr Möglichkeiten offenläßt. Denn selbst wenn Sie mit dem ersten Dart die Single 18 werfen, haben Sie noch eine Chance, mit dem zweiten die Treble 18 zu treffen, um den dritten dann im Bullseye zu plazieren. Umgekehrt können Sie, wenn Sie gleich zweimal die Treble 18 treffen, immer noch das Spiel mit der Doppel 7 beenden. Folgen Sie aber der Empfehlung des Out Shot Calculators, nehmen Sie einerseits den Nachteil in Kauf, über das ganze Board spielen zu müssen, andererseits ist es alles andere als einfach, vor dem Double gleich zwei Trebles zu treffen. Generell ist es ein Unterschied, ob Sie zwei oder drei Darts für Ihr Finish zur Verfügung haben. Mit deren drei steigt die Anzahl der Möglichkeiten.

Die nachstehende Liste von Finish-Kombinationen erlaubt einen Vergleich zwischen dem Out Shot Calculator und eventuellen anderen Möglichkeiten. Im Anschluß können Sie die für Ihre Bedürfnisse beste Kombination wählen. Außerdem ist bei einem Zwei-Dart-Finish zusätzlich ein Drei-Dart-Finish aufgeführt, denn es ist nicht zwingend, daß Sie bei einer Restpunktzahl von beispielsweise 101 nur zwei Darts übrig haben müssen. Sie werden nach Durchsicht dieser Liste erkennen, daß Ihnen zu vielen Zahlen eigene Kombinationen einfallen, die Ihrem Stil zuträglicher sind, als die nachstehend aufgeführten.

Die an der ersten Position aufgelistete Finish-Kombination ist die des Out Shot Calculators, an der zweiten Stelle steht die Alternative. Ist keine weitere Kombination aufgeführt, ist die des Out Shot Calculators die beste oder einzige. Die Reihenfolge der Würfe ist eigentlich egal, nur das Double muß zum Schluß geworfen werden. Die Bemerkung „Vier-Dart-Finish" bedeutet nur, daß es bei dieser Punktzahl kein Zwei- oder Drei-Dart-Finish gibt.

Punktzahl	Finish
170	T20-T20-D25
169	Vier-Dart-Finish
168	Vier-Dart-Finish

Punktzahl	Finish
167	T20-T19-D25
166	Vier-Dart-Finish
165	Vier-Dart-Finish
164	T20-T18-D25
163	Vier-Dart-Finish
162	Vier-Dart-Finish
161	T20-T17-D25
	T19-T18-D25
160	T20-T20-D20
159	Vier-Dart-Finish
158	T20-T16-D25
	T20-T20-D19
157	T20-T19-D20
156	T20-T20-D18
155	T20-T15-D25
	T20-T19-D19
154	T20-T18-D20
	T19-T19-D20
153	T20-T19-D18
152	T20-T20-D16
	T19-T19-D19
151	T20-T17-D20
	T19-T18-D20
150	T20-T18-D18
	T19-T19-D18

Punktzahl	Finish
149	T20-T19-D16
	T18-T19-D19
148	T20-T16-D20
	T18-T18-D20
147	T20-T17-D18
	T19-T18-D18
146	T20-T18-D16
	T19-T19-D16
145	T20-T15-D20
	T19-T16-D20
144	T20-T16-D18
	T18-T18-D18
143	T20-T17-D16
	T19-T18-D16
142	T20-T14-D20
	T20-D25-D16
141	T20-T15-D18
	T17-T18-D18
140	T20-T20-D10
	T20-T16-D16
139	T20-T13-D20
	T19-D25-D16
138	T20-T14-D18
	T20-T18-D12
137	T20-T15-D16

Punktzahl	Finish
	T19-T16-D16
136	T20-T20-D8
135	T20-T13-D18
	T20-S25-D25
134	T20-T14-T16
	T20-T18-D10
133	T20-T11-D20
	T20-T19-D8
132	T20-T12-D18
	T19-S25-D25
131	T20-T13-D16
	T17-T16-D16
130	T20-T18-D8
	T20-S20-D25
129	T20-T11-D18
	T20-S19-D25
128	T20-D18-D16
	T18-T18-D10
127	T20-T17-D8
	T19-S20-D25
126	T19-T11-D18
	T19-S19-D25
125	T20-T11-D16
	T19-S18-D25
124	T20-T16-D8

Punktzahl	Finish	Punktzahl	Finish
	T18-T18-D8		T17-S20-D20
123	T19-S16-D25	110	T20-S18-D16
	T18-S19-D25		T20-D25
122	T20-T10-D16	109	T20-S17-D16
	T18-S18-D25		T19-S20-D16
121	T17-T18-D8	108	T20-S16-D16
	T19-T16-D8		T18-S18-D18
120	T20-S20-D20	107	T19-D25
119	T20-S19-D20		T14-S25-D20
	T19-S12-D25	106	T20-S14-D16
118	T20-S18-D20		T18-S20-D16
	T18-T16-D8	105	T20-S13-D16
117	T20-S17-D20		T18-S19-D16
	T20-S25-D16	104	T18-D25
116	T20-S16-D20		T18-S18-D16
	T20-S20-D18	103	T20-S11-D16
115	T20-S15-D20		T17-S20-D16
	T19-S18-D20	102	T20-S10-D16
114	T20-S18-D18		T17-S17-D17
	T19-S19-D19	101	T17-D25
113	T20-S17-D18		T20-S9-D16
	T19-S16-D20	100	T20-D20
112	T20-S12-D20		T16-S20-D16
	T18-S18-D20	99	T19-S10-D16
111	T20-S19-D16		T17-S16-D16

Punktzahl	Finish
98	T20-D19
	T16-D25
97	T19-D20
	T17-S6-D20
96	T20-D18
	T16-S16-D16
95	T19-D19
	S20-S25-D25
94	T18-D20
	T14-S20-D16
93	T19-D18
	S18-S25-D25
92	T20-D16
	T18-S18-D10
91	T17-D20
	T14-S17-D16
90	T18-D18
	S25-S25-D20
89	T19-D16
	T18-S19-D8
88	T16-D20
	T20-D14
87	T17-D18
	T13-S16-D16
86	T18-D16

Punktzahl	Finish
	S20-S16-D25
85	T15-D20
	S25-S20-D20
84	T16-D18
	T14-S14-D14
83	T17-D16
	T16-S19-D16
82	T14-D20
	S25-S17-D20
81	T15-D18
	T19-D12-D8
80	T16-D16
	S20-S20-D20
79	T13-D20
	S19-S20-D20
78	T14-D18
	S18-S20-D20
77	T15-D16
	S19-S18-D20
76	T20-D8
	S18-S18-D20
75	T13-D18
	S25-S18-D16
74	T14-D16
	S18-S16-D20

73

Punktzahl	Finish
73	T19-D8
	S25-S16-D16
72	D20-D16
	S18-S18-D18
71	T13-D16
	S19-S20-D16
70	T10-D20
	S19-S19-D16
69	T11-D18
	S15-S18-D18
68	T20-D4
	S20-S16-D16
67	T17-D8
	S19-S16-D16
66	T10-D18
	S18-S16-D16
65	S25-D20
	S19-S10-D18
64	T16-D8
	S16-S16-D16
63	S13-D25
	S15-S16-D16
62	T10-D16
	S14-S16-D16
61	S25-D18

Punktzahl	Finish
	S15-S6-D20
60	S20-D20
	S18-S18-D12
59	S19-D20
	T9-D16
58	S18-D20
	S18-S4-D18
57	S17-D20
	S25-D16
56	S16-D20
	S20-D18
55	S15-D20
	S19-D18
54	S14-D20
	S18-D18
53	S13-D20
	S17-D18
52	S20-D16
	S16-D18
51	S19-D16
	S11-D20
50	D25
	S18-D16
49	S17-D16
	S13-D18

Punktzahl	Finish
48	S16-D16
	S8-D20
47	S15-D16
	S7-D20
46	S14-D16
	S10-D18
45	S13-D16
	S5-D20
44	S12-D16
	S4-D20
43	S11-D16
	S3-D20
42	S10-D16
	S6-D18
41	S9-D16
	S17-D12

Bei den Zahlen unter 41 ist es immer möglich, mit einem oder zwei Darts zu checken. Die 40 beispielsweise bietet Ihnen die Chance, mit der Double 20 oder mit der Kombination Single 20 – Double 10 und sogar noch, wenn Sie nur die Single 10 treffen, mit der Double 5 das Spiel zu beenden. Es ist dabei sehr wichtig, daß Sie ungerade Zahlen mit einem Wurf in ein niedriges, ungerades Feld begradigen und sich auf diese Weise ein Dou-ble stellen. Rechnen und kombinieren Sie dabei so, daß Sie das Maximum an Chancen herausarbeiten, um so Ihrem Gegner das Nachsehen zu geben.

Die oben abgedruckte Finishliste ist nur ein Bruchteil von etwa 4 000 Möglichkeiten, eine Punktzahl unter 170 mit drei, zwei oder sogar nur einem Dart zu checken. Oder hätten Sie gedacht, daß es für die Zahl 100 etwa 150 Finish-Kombinationen gibt? Ihnen ist sicher aufgefallen, daß viele Finish-Kombinationen mit der Double 16 enden. Das hat folgenden Grund: Wenn Sie auf die Double 16 werfen und nur das Single treffen, haben Sie 16 Punkte Rest, und Ihr nächstes Ziel ist die Double 8. Schießen Sie auch hier nur das Single, können Sie mit dem nächsten Dart gleich auf die Dou-ble 4 zielen, falls Sie die mit dem Sin-gle halbieren auf die Double 2 und danach, wenn Sie auch hier nur die einfache Zahl getroffen haben, auf die Doppel 1. Das alles hat den großen Vorteil, daß Sie, ohne sich zu sehr umstellen zu müssen, immer auf Dou-ble werfen können. Anders beispiels-weise bei der Zahl 40. Schießen Sie auf Tops (Double 20) und treffen das einfache Feld, haben Sie, vorausge-setzt, Sie treffen keine andere Zahl, noch die Double 10 und gegebenen-falls die Double 5 vor sich. Werfen Sie aber nun mit einem Dart in die einfache 5, müssen Sie erst wieder Ihre Punktzahl begradigen (mit der 3 oder der 1), um wieder auf ein Double werfen zu können. Sie sehen also, es ist kein Zufall, daß die Double 16 bei den Turnier- und Ligaspielern sich großer Beliebtheit erfreut.

Das Neun-Dart-Finish

Mit nur neun Darts ein Leg von 501 Punkten zu beenden, ist das höchste der Gefühle für jeden Dartsportler und muß, ohne zu übertreiben, als Spitzenleistung angesehen werden. Dafür gibt es natürlich auch eine Reihe von Kombinationen, allerdings sind sie aufgrund des ehrgeizigen Ziels überschaubar. Die Reihenfolge der ersten acht Darts ist hierbei unerheblich, das Double sollte und muß seinen Platz behalten. Umstellungen bei zwei vorhandenen Doubles sind dabei nur in der Kombination Bullseye (D 25) und Tops (D 20) möglich. Bei den mit * gekennzeichneten Varianten sollten Sie ein 170er Finish (T20-T20-D25) anstreben, denn wer einen Neun-Darter werfen will, sollte auch keine Angst vor einem 170er haben. Außerdem macht es Eindruck.

Das Ergebnis ist von Interesse

Alle Neun-Dart-Finishes auf einen Blick

T20	T20	T20
T20	T20	T20
T20	T19	D12

T20	T20	T20
T20	T20	T20
T20	T17	D15

T20	T20	T20
T20	T20	T20
T20	T15	D18

T20	T20	T20
T20	T20	T20
T19	T18	D15

*T20	T20	T20
T20	T20	T20
T19	D25	D17

T20	T20	T20
T20	T20	T20
T19	T16	D18

T20	T20	T20
T20	T20	T20
T18	T17	D18

*T20	T20	T20
T20	T20	T20
T17	D25	D20

T20	T20	T20
T20	T20	T19
T19	T19	D15

T20	T20	T20
T20	T20	T19
T19	T17	D18

T20	T20	T20
T20	T20	T19
T18	T18	D18

*T20	T20	T20
T20	T20	T19
T18	D25	D20

*T20	T20	T20
T20	T20	T17
D25	D25	D25

T20	T20	T20
T20	T19	T19
T19	T18	D18

*T20	T20	T20
T20	T19	T19
T19	D25	D20

*T20	T20	T20
T20	T19	T18
D25	D25	D25

*T20	T20	T20
T19	T19	T19
D25	D25	D25

Als Merkhilfe: Werfen Sie dreimal nacheinander mit jeweils drei Darts 167 Punkte (167 x 3 = 501!) mit dem richtigen Doppel am Schluß. Das ist der einfachste Weg, sich diese absolute Höchstleistung im Dartsport im Gedächtnis zu behalten und sie, wenn es gilt, parat zu haben.

Wettkampfregeln

Ein Auszug aus der Sport- und Wettkampfordnung

Allgemeine Spielregeln

§ 3 Grundsätzliche Spielregeln

(4) Alle Spieler müssen Darts benutzen, die nicht länger als 30,5 cm und nicht schwerer als 50 g sein dürfen. Jeder Dart besteht aus einer Spitze, dem Wurfkörper und einem Flight.

(5) Die Spieler haben das Recht, eine Überprüfung der Höhe des Boards und der Entfernung der Standleiste vom Board zu verlangen.

§ 4 Wurf

(1) Alle Darts müssen vorsätzlich nacheinander mit der Hand des Spielers geworfen werden.

(2) Ein Wurf besteht aus drei Darts, es sei denn, ein Leg, Set oder Match kann mit weniger Darts beendet werden.

(3) Jeder Dart, der aus dem Board fällt oder abprallt, darf nicht mehr geworfen werden.

(4) Solange ein Spieler sich im Wurfbereich befindet, ist es seinem Gegner nicht gestattet, eine wurffertige Haltung einzunehmen.

§ 5 Beginn und Beendigung des Spiels

(1) Bei allen Wettkämpfen wird, wenn es nicht ausdrücklich anders angegeben ist, straight in und double out gespielt.

(2) Das Bullseye zählt 50 Punkte. Hat ein Spieler in einem Leg, Set oder Match 50 Punkte Rest, so zählt das Bullseye als Doppel 25.

(3) Es gilt die Bust-Regel, das bedeutet, punktet ein Spieler mehr als er Rest hat, ist der Wurf ungültig.

(4) Der Schiedsrichter ruft nur dann „Game Shot", wenn der Spieler das benötigte Doppel trifft. Dieser Ausruf beendet Leg, Set oder Match. Die Darts dürfen dann erst aus dem Board gezogen werden, wenn „Game Shot" ausgerufen wurde, wobei dem Gegenspieler die Möglichkeit gegeben werden muß, den Wurf zu prüfen.

(5) Der erste Spieler oder das erste Team, der (das) die Punktzahl durch Treffen des benötigten Doppels auf Null reduziert, ist Sieger des Legs, Sets oder Matchs.

(6) Wirft ein Spieler, nachdem er das benötigte Doppel schon getroffen hat, irrtümlich noch einen Dart nach, zählen diese Punkte nicht, wenn der Spieler durch den zuvor geworfenen Dart Leg, Set oder Match beendet hat.

§ 6 Punkte (Score)

(1)   Die Punkte werden nur dann gezählt, wenn der Dart innerhalb des äußeren Ringes steckenbleibt oder wenn der Dart das Board dort mit der Spitze getroffen hat und die Punkte vom Schiedsrichter bereits aufgerufen wurden.

(2)   Die Punkte zählen für das durch den Draht begrenzte Segment, in das der Dart zuerst eindringt, wenn der Dart zugleich die Boardoberfläche mit der Spitze berührt.

(3)   Die Darts müssen aus dem Board gezogen werden, nachdem die Punktzahl vom Schiedsrichter registriert und bekanntgegeben worden ist.

(4)   Nachdem die Darts aus dem Board gezogen wurden, ist ein Protest bezüglich der erzielten Punkte nicht mehr möglich.

(5)   Jede Punktzahl und jede Subtraktion muß vom Schiedsrichter, Schreiber und Spieler nach jedem Wurf geprüft werden. Dies muß vor dem nächsten Wurf geschehen. Überprüfungen bezüglich der notierten Punkte und Subtraktionen müssen durchgeführt werden, bevor der Spieler wieder wirft.

(6)   Der Punktestand muß klar und leserlich in Sichtweite vor dem Spieler und Schiedsrichter auf einem Punktezettel oder einer Punktetafel notiert werden.

(7)   Das benötigte Doppel darf weder vom Schreiber noch vom Schiedsrichter abweichend vom tatsächlichen Wert bezeichnet werden (zum Beispiel nicht Doppel 16 sondern 32).

(8)   Der Schiedsrichter ist der Obmann für Streitigkeiten, die während eines Matches entstehen können, und kann, wenn nötig, mit dem Schreiber und anderen Offiziellen Rücksprache halten, bevor eine Entscheidung während des Matches getroffen wird.

§ 7 Dartboards

(1) – (10)   Siehe Kapitel „Dartboard"

(11)   Jeder Spieler oder Mannschaftsführer hat das Recht, darum zu bitten, ein Board auszuwechseln oder die Segmente zu verdrehen sowie die Position des Boards zu korrigieren. Voraussetzung ist das Einverständnis des Gegners. Sollte eine Einigung nicht erzielt werden, kann der Schiedsrichter angerufen werden. Das kann jedoch nur vor einem Match geschehen.

§ 8 Licht

(1) – (3)   Siehe Kapitel „Dartanlage"

§ 9 Standleiste

(1) – (2)   Siehe Kapitel „Dartanlage"

(3)   Wenn ein Abwurfbereich einen erhöhten Spielbereich bildet, so muß

die Standleiste so konstruiert sein, daß sie zentral zum Board steht.

(4)   Der seitliche Abstand vom Bullseye bis zur Wand beträgt mindestens 90 cm. Die Bullseyes zweier Boards müssen mindestens 180 cm seitlich voneinander entfernt sein.

(5)   Während des Wurfs darf der Spieler die Standleiste nicht betreten. Ein Dart muß losgeworfen werden, solange sich beide Füße hinter der Standleiste befinden.

(6)   Wünscht ein Spieler einen Dart von einer Position aus zu werfen, die sich neben der Standleiste befindet, muß er sich hinter eine imaginäre Linie stellen, die sich auf gleicher Höhe mit der Rückseite der Standleiste befinden muß.

(7)   Verstößt ein Spieler gegen § 9 (5) und/oder § 9 (6) wird er in Gegenwart seines Teamcaptains oder Teammanagers vom Schiedsrichter verwarnt. Nach der Verwarnung zählen alle Punkte nicht, die bei einem weiteren Verstoß erzielt werden.

Turnier- und Wettkampfregeln

§ 14 Münzwurf

(1)   Der Spieler (das Team), der (das) das Match beginnt, wird durch Münzwurf oder eine andere Losmöglichkeit ermittelt. Die Auslosung erfolgt unmittelbar vor Beginn des Matches.

(2)   Der Gewinner der Auslosung beginnt das erste Leg und das erste Set, sowie alle folgenden Legs und Sets in dem betreffenden Match mit ungeraden Zahlen (zum Beispiel 1, 3, 5 usw.).

(3)   Der Verlierer des Münzwurfes beginnt alle Legs und Sets mit geraden Zahlen (zum Beispiel 2, 4, 6 usw.).

§ 15 Übungswürfe (Practice)

(1)   Jeder Spieler hat das Recht, vor Beginn des Matches an seinem jeweiligen Board maximal sechs Übungsdarts zu werfen.

(2)   An Boards, die nicht ausdrücklich als Übungsboards gekennzeichnet wurden, sind nach Beginn des Wettkampfs Übungswürfe nicht mehr gestattet.

§ 16 Wettkampfspiele

(2)   Im Spielbereich dürfen sich nur die Schiedsrichter, die Schreiber sowie die Spieler aufhalten.

(3)   Nur die Schiedsrichter und Schreiber dürfen sich vor dem werfenden Spieler aufhalten. Diese Personen müssen ihre Bewegungen während des Wurfes eines Spielers auf ein Minimum reduzieren.

(4)   Der Gegner eines Spielers muß sich während dessen Wurf mindestens 61 cm hinter diesem aufhalten.

(6)   Während des Matches müssen sich alle Spieler ruhig verhalten. Nur der werfende Spieler darf Fragen an den Schiedsrichter stellen. Zwischen-

rufe von anderen Spielern, Zuschauern oder Offiziellen sind zu unterlassen.

(8) Der werfende Spieler kann den Schiedsrichter über die Höhe seiner Punktzahl oder seiner Restpunktezahl befragen. Er darf jedoch nicht darüber informiert werden, wie er das Leg beenden kann.

(9) Alle Fragen, die die Punktzahl und den Punktabzug betreffen, müssen geklärt werden, bevor der Spieler wieder zu werfen beginnt.

(10) Nach Beendigung eines Legs, Sets oder Matches sind Beanstandungen bezüglich des Punktestandes oder der Subtraktion unzulässig.

(11) Bei Teamwettkämpfen muß die Reihenfolge der Spieler vor Beginn des Matches festgelegt und notiert werden.

(12) Proteste müssen sofort an den Schiedsrichter oder das Wettkampfgericht gerichtet werden. Nach Beendigung eines Legs, Sets oder Matches sind Proteste nicht mehr zulässig.

(13) Tritt bei einem Spieler während eines Matches ein Schaden an seinem Sportgerät auf, oder muß der Spieler während des Matches den Spielbereich wegen außergewöhnlicher Umstände verlassen, muß ihm dies durch den Schiedsrichter für maximal fünf Minuten gewährt werden.

§ 17 Spielbekleidung

(1) – (4) siehe Kapitel „Bekleidung"

§ 18 Genußmittel / Glücksspiele

(1) Auf DDV-Turnieren herrscht absolutes Rauchverbot in den Spielhallen.

(2) Bei Verstoß gegen § 18 (1) wird der (die) Betreffende von den Organisatoren verwarnt. Im Wiederholungsfalle erfolgt die Disqualifikation.

(3) Spieler, die offensichtlich unter starkem Alkoholeinfluß stehen, können durch die Turnierleitung und/oder den Bundesspielleiter zu jeder Zeit aus dem laufenden Wettkampf ausgeschlossen werden. Damit entfällt für den Betreffenden gleichzeitig jeglicher Anspruch auf DVV-Ranglistenpunkte, Preisgelder, Pokale und Urkunden aus diesem Turnier.

(4) Jede Person, die sich gemäß staatlichem Renn-, Wett- und Lotteriegesetz an einem verbotenen Glücksspiel (Poker etc.) beteiligt, macht sich gemäß § 284 StGB strafbar. Daher herrscht auch auf DDV-Veranstaltungen ein striktes Verbot solcher Spiele. Jede Person, die sich an einem vom Gesetzgeber verbotenen Glücksspiel beteiligt, muß mit Hausverbot und einer Anzeige im Sinne § 284 StGB rechnen.

Diese Auszüge aus dem Regelwerk des Deutschen Dart Verbandes gehören zu den wichtigsten zu beachtenden Regeln. Wenn Sie an dem Rest des Regelkatalogs interessiert sind, können Sie diesen beim Deutschen Dart Verband gegen eine geringe Gebühr anfordern.

Richtig Schreiben und Schiedsen

Bei einem Liga- oder Turnierspiel ist es üblich, daß der geworfene sowie der übriggebliebene Score auf einem Scoreboard oder auf einem Blatt Papier notiert wird. Dabei müssen aber einige grundlegende Regeln beachtet werden.

Über der Scoretabelle wird der Name des Spielers oder der des Teams notiert, damit keine Mißverständnisse auftreten. Außerdem notiert der Schreiber die geworfene Punktzahl immer, damit auch die Spieler den Restscore überprüfen können. Listet er die Restpunktzahl beider Spieler auf einem Scoreboard auf, schreibt er den Namen des Spielers, der beginnt, auf die linke Seite, den des Gegners auf die rechte Seite. Wie Sie anhand des Beispiels auf Seite 84 erkennen können, schreibt man die geworfenen Punkte sowie die Restpunktezahl einem bestimmten System folgend

auf. Von links nach rechts stehen die geworfenen Punkte und der verbleibende Score des ersten Spielers, danach der verbleibende Score sowie die geworfene Punktzahl des zweiten Spielers. Fängt Spieler B das zweite Spiel an, wird bei Spieler A statt eines Scores ein Balken auf die erste Position gemalt, um eventuelle Fehler des Schreibers bei der Reihenfolge zu vermeiden. Bei beiden Zeichnungen sehen Sie einen Strich, der diagonal durch einen geworfenen Score sowie durch eine Restpunktzahl gezogen ist. Das wird dann gemacht, wenn der Spieler einen Restscore von 170 oder weniger Punkte hat, um anzuzeigen, daß jetzt ein Finish mit drei Darts oder weniger möglich ist.

Da der Schreiber bei manchen Spielen oder Turnieren auch gleichzeitig eine Art Schiedsrichter ist, muß er darauf achten, daß er die geworfene Punktzahl zuerst feststellt und dann erst die Darts aus dem Board gezogen werden. Ist dies geschehen, und der Gegner hat bereits seine drei Darts geworfen, ist ein Protest wegen des vorher geworfenen Scores nicht mehr möglich. Fällt ein Dart aus dem Board, bevor der Score vom Schreiber festgestellt werden konnte, wertet er nur die Punktzahl der im Board steckengebliebenen Darts. Die Regel besagt dazu, daß die Darts ohne fremde Hilfsmittel nacheinander geworfen und dementsprechend auch aus dem Board gezogen werden müssen. Der Schreiber achtet außerdem darauf, daß der Spieler hinter und nicht auf oder sogar vor der Standleiste steht, wenn er seine Darts wirft. Außerdem ist es dem Werfer untersagt, schon im Board steckende Darts zu berühren, um so ein besseres Schußfeld zu gewährleisten. Der Schreiber darf auch, wenn er von einem Spieler gefragt wird, den verbleibenden Score ansagen. Dabei muß er sich aber jeden Kommentars enthalten und darf auch keine Vorschläge zu einem möglichen Finish machen. Hat ein Spieler beispielsweise 110 Punkte Rest, muß der Schreiber diesen Score und nicht etwa Treble 20 – Bullseye ansagen. Das gleiche gilt auch für Doubles. Dann wird vom Schreiber nicht Double 16, sondern 32 Rest angesagt. In manchen Clubs ist es selbst bei Ligaspielen üblich, daß Kürzel wie etwa T (Tops) für 40, C (Chips) für 26 oder H (Homes), 2 Punkte Rest notiert werden. Um sämtlichen Mißverständnissen vorzugreifen, sollten Sie sich diese Schreibweise erst gar nicht angewöh-

nen, sondern sich an die geltenden Regeln halten und den Restpunktestand in Zahlen aufschreiben. Verstößt ein Spieler gegen eine der oben aufgeführten Regeln, wird er vom Schreiber verwarnt. Ist der Schreiber allerdings nicht in der Lage, ein Spiel zu schreiben oder zu leiten, kann er jederzeit durch einen anderen ersetzt werden. Wird ein Regelverstoß von einem Spieler oder vom Schreiber angezeigt, müssen die Team Captains entscheiden, was zu geschehen hat. Ist keine Einigung erzielt worden, muß der Liga-Obmann informiert werden, der bei geringfügigen Verstößen den Landesspielausschuß oder das Schiedsgericht vertritt. Um aber einen reibungslosen Ablauf eines Ligaspieles zu ermöglichen, sollten die jeweiligen Captains einer Mannschaft ihre Spieler selbst auf eventuelle Verstöße aufmerksam machen. Gleichzeitig sollte der Captain auch den geworfenen sowie den notierten Score beider Spieler im Auge behalten, da er gleichzeitig mit seinem Spieler als einziger Einspruch einlegen und seinem Teamkameraden helfen kann.

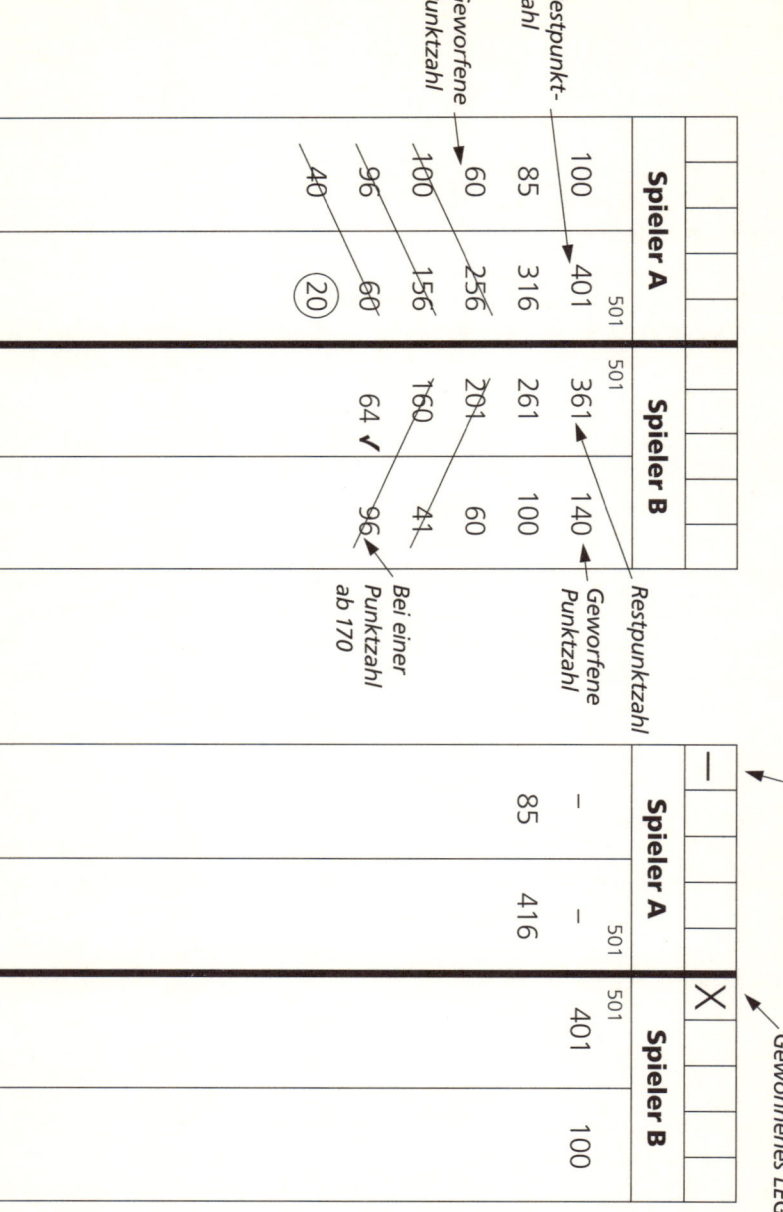

Spieler A			
501			
100	401		
85	316		
60	256		
100	156		
96	60		
40	(20)		

Spieler B			
501			
140	361		
100	261		
60	201		
41	160		
96	64 ✓		

Restpunkt-
zahl

Geworfene
Punktzahl

Restpunktzahl

Geworfene
Punktzahl

Bei einer
Punktzahl
ab 170

Spieler A			
—			
—	—		
85	416		

Spieler B			
501			
401			
100			

— Verlorenes LEG

X Gewonnenes LEG

Beispiel eines Spielprotokolls 501. Leg 1: Spieler A fängt an und verliert. Leg 2: Spieler B hat angefangen

84

Dart-Fieber

Es hat also auch Sie gepackt. Die ersten Erfolgserlebnisse haben dafür gesorgt, daß die Pfeile und das Board Sie nicht mehr loslassen. Verspüren Sie außerdem das Bedürfnis, sich nicht nur zu Hause im Hobbykeller mit den Nachbarn, sondern auch einmal mit Experten zu messen, können Sie bei einem Verein bestimmt erst mal schnuppern, ob es Ihnen dort gefällt, wenn ja, dort eintreten und in einer Mannschaft am Ligabetrieb teilnehmen. Kontaktadressen vermittelt Ihnen der jeweilige Landesverband (s. Anhang). Sind Sie aber der Meinung, Ihre Freunde, mit denen Sie schon länger regelmäßig spielen, gäben zusammen mit Ihnen ein tolles Team ab, das am Durchmarsch durch sämtliche Spielklassen kaum einer wird hindern können, liegt die Gründung eines eigenen Klubs nahe. Was Sie dafür tun müssen, erfahren Sie ebenfalls bei Ihrem Landesverband, wo man für alle Ihre Fragen ein offenes Ohr hat. Haben Sie weitergehende sportliche Ambitionen, sollten Sie so bald wie möglich an Ranglistenturnieren teilnehmen – das können auch Einzel- oder Landesmeisterschaften etc. sein –, um in die Punktewertung zu kommen. Auf diese Weise können Sie sich einerseits für Auswahlteams des Landes- und Bundesverbandes und andererseits für höhere Turniere qualifizieren. Apropos Turniere: Wenn Sie erst mal wissen möchten, wie so etwas in kleinerem Rahmen von statten gehen kann lesen Sie das nächste Kapitel aufmerksam.

Ein Turnier organisieren

Sie möchten sich mit Freunden, Bekannten oder Klubkameraden in einem selbstorganisierten Turnier messen. Dabei sollten Sie so vorgehen: Zuerst müssen Sie feststellen, wie viele Spieler mitmachen wollen. Sind es mehr als zehn Teilnehmer, rate ich Ihnen zu einem einfachen 16er-K.O.-System, wenn Sie genügend Zeit haben, eventuell sogar zu einem doppelten System. Nehmen dagegen weniger als zehn Spieler teil, macht es mehr Sinn, wenn Sie in mehreren Gruppen „Round Robin" spielen, das heißt, es spielt in jeder dieser Gruppen jeder gegen jeden.

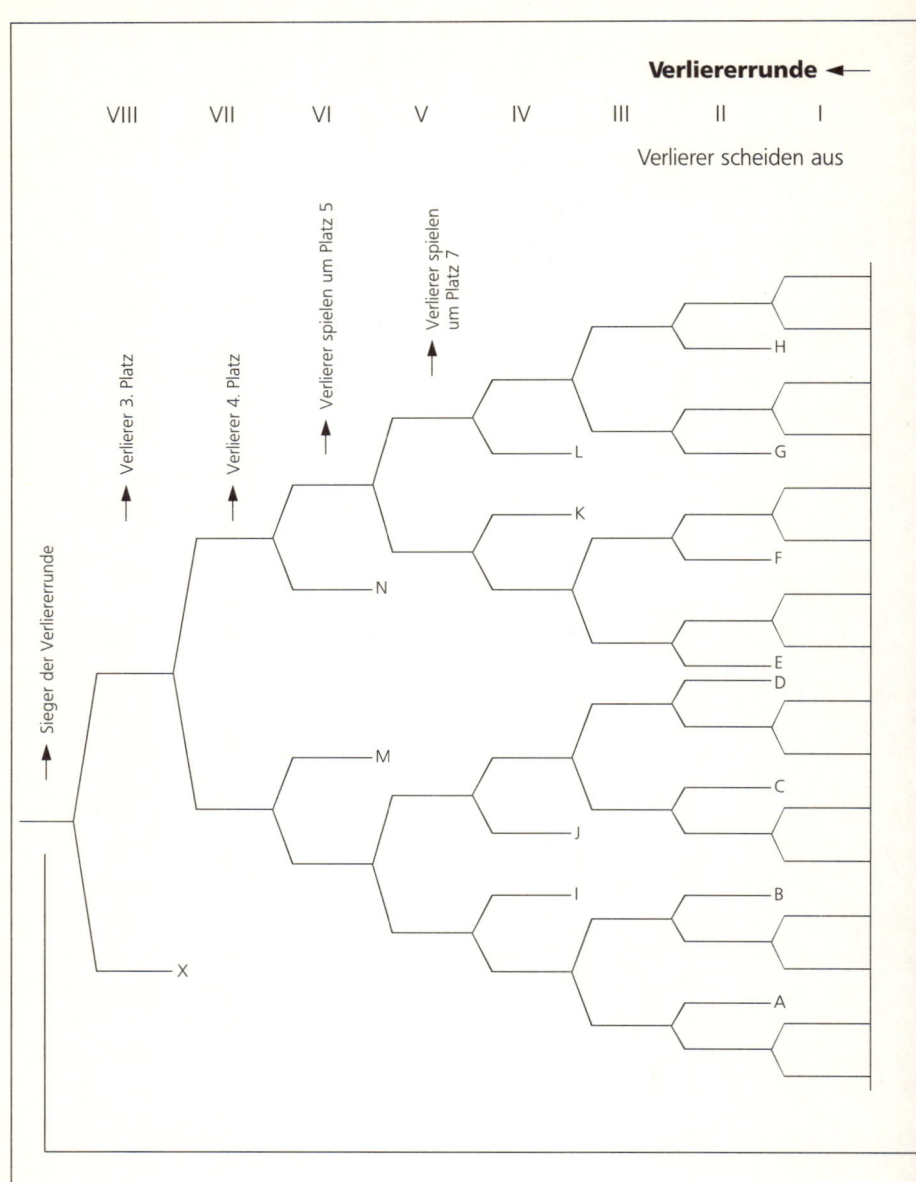

Verliererrunde ◄—

VIII   VII   VI   V   IV   III   II   I

Verlierer scheiden aus

Verlierer spielen um Platz 5

Verlierer spielen um Platz 7

Verlierer 3. Platz

Verlierer 4. Platz

Sieger der Verliererrunde

H

L

G

K

N

F

E

D

M

C

J

I

B

X

A

Turnierplan nach einfachem (rechte Hälfte) und doppeltem

86

→ Gewinnerrunde

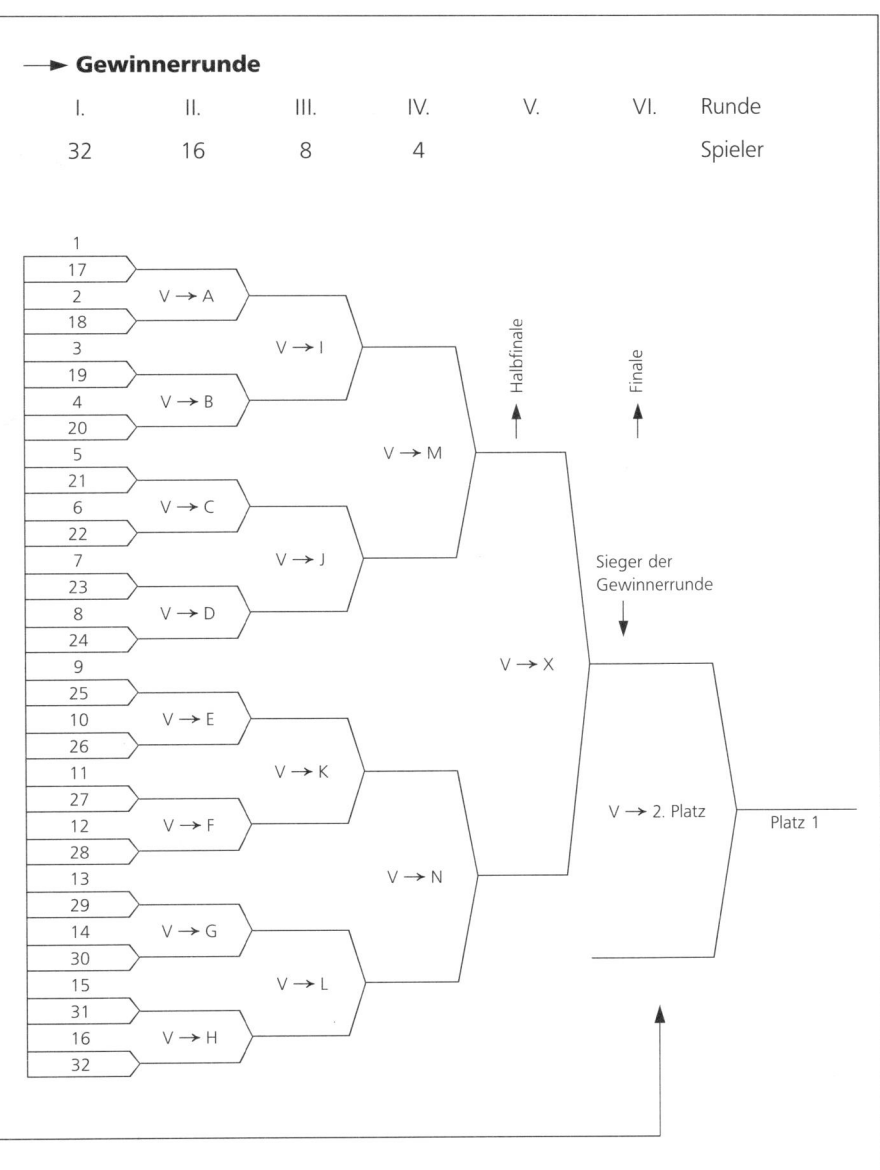

I.	II.	III.	IV.	V.	VI.	Runde
32	16	8	4			Spieler

(rechte und linke Hälfte) K.O.-System

Der Vordruck auf Seite 86/87 zeigt ein doppeltes K.O.-System mit maximal 32 Teilnehmern. Wollen Sie dagegen nur ein einfaches System spielen, nehmen Sie nur die rechte Seite des Turnierplans zur Hand

Einfaches K.O.-System

Dieses System, das bei jedem größeren Turnier Anwendung findet, basiert auf dem Umstand, daß nur die Gewinner weiterkommen; Verlierer scheiden aus. Steht der Modus bezüglich der zu gewinnenden Sätze (Best of three legs = zwei Gewinnlegs, Best of five legs = drei Gewinnlegs usw.) fest, werden die Spieler den zu vergebenden Positionen im System zugelost. Bei einem 16er K.O.-System werden also sechzehn Nummern auf Papierschnipsel notiert, und jeder der Spieler zieht einen davon. Der Name des Spielers wird dann auf die der Nummer entsprechende Position geschrieben. Sind einige Positionen nicht belegt, gelten diese als Freilose, das heißt, der Spieler, der eines dieser Lose statt eines Gegenspielers gezogen hat, kommt spielfrei in die nächste Runde. Der Turnierplan zeigt, daß immer zwei Spieler gegeneinander spielen, wobei der Gewinner in die nächste Runde kommt, der Verlierer aber aus dem Turnier ausscheidet. So wird bis zum Finale weitergespielt. Natürlich bleibt

es Ihnen überlassen, ob Sie den Spielmodus beibehalten oder ihn in jeder Runde ändern. Üblicherweise erhöht man ab dem Halbfinale die Anzahl der Gewinnsätze, um den Spielern einen besseren Vergleich und dem Publikum einen längeren Genuß zu bieten. Im Finale können Sie dann einen Modus wählen, der die Spieler richtig fordert. Bei „Best of three sets – Best of three legs", ist der Gewinner ein verdienter Sieger, da er zwei Sätze gewinnen muß, und in den Sätzen jeweils zwei Legs.

Doppeltes K.O.-System

Dieses System ist eine hervorragende Alternative zum einfachen K.O.-System, denn hier hat ein Spieler die Chance, über die Verliererrunde, die mit der Hauptrunde parallel ausgetragen wird, doch noch ins Finale zu kommen. Der Vordruck des Turnierablaufs zeigt auf der linken Seite Buchstaben, die anzeigen, wo die Spieler, die aus der Hauptrunde ausgeschieden sind, in die Verliererrunde wieder eintreten. Selbst der Verlierer des Halbfinales der Hauptrunde kann sich erneut für das Finale qualifizieren, da jeder Spieler mindestens zweimal verloren haben muß, um aus dem Turnier auszuscheiden. Sind Sie über die Verliererrunde ins Finale gekommen, müssen Sie den Sieger der Hauptrunde zweimal besiegen. Da Sie aber schon einmal verloren haben, reicht dem Hauptrundengewinner ein einziger Sieg, um das Turnier für sich zu entscheiden.

Round Robin
Wenn Sie über genügend Zeit und Boards verfügen und Ihre Mitspieler pausenlos beschäftigen wollen, empfehle ich Ihnen dieses System. Teilen Sie Ihre Mitspieler in so viele Gruppen ein, wie Sie Boards haben. Die ideale Anzahl ist fünf Spieler pro Gruppe, die dann jeder gegen jeden spielen. Als Modus sollten Sie „three legs" wählen, was aber bedeutet, daß alle drei Legs ausgespielt werden müssen. Nur die gewonnenen Legs kommen in die Wertung, die beiden Punktbesten erreichen die nächste Runde. Bei Punktegleichstand zählt der direkte Vergleich. Die nächste Runde wird wieder in Gruppen gespielt, wobei jeweils die Sieger in der einen und die Verlierer in der anderen Gruppe spielen. Es wird nun wieder genau wie in der ersten Runde jeder gegen jeden gespielt. Der Sieger der Gewinnerrunde ist auch der Sieger des Turniers. Die weiteren Plazierungen der Siegerrunde und anschließend der Verliererrunde sind mit denen des gesamten Turniers identisch.
In vielen Vereinen wird die interne Rangliste mit solchen Turniersystemen ausgespielt. Dabei ist es wichtig, daß

für jeden Platz eine bestimmte Punktzahl festgelegt wird, die nach dem Ausspielen mehrerer Turniere in der Addition die Gewinner und Plazierten der Rangliste ergibt. Das gilt aber nicht nur für Vereine.

Gruppe A

Name	1	2	3	4	5	Punkte
Spieler 1	X					
Spieler 2		X				
Spieler 3			X			
Spieler 4				X		
Spieler 5					X	

Gruppe B

Name	1	2	3	4	5	Punkte
Spieler 1	X					
Spieler 2		X				
Spieler 3			X			
Spieler 4				X		
Spieler 5					X	

Spielreihenfolge in beiden Gruppen

Spieler **1** - Spieler **2** Spieler **2** - Spieler **5**
Spieler **3** - Spieler **4** Spieler **1** - Spieler **4**
Spieler **1** - Spieler **5** Spieler **3** - Spieler **5**
Spieler **2** - Spieler **4** Spieler **4** - Spieler **5**
Spieler **3** - Spieler **1** Spieler **2** - Spieler **3**

Turnierplan nach Round Robin (zwei Gruppen, jeder gegen jeden)

Glossar

Average Durchschnitt. Durchschnittliche, mit einem Dart erzielte Punktzahl.
Away Playing away: auswärts spielen, auf Scoreboards auch Gastmannschaft.

Barrel Dartkörper
BDO British Darts Organization
Bed and Breakfast → Chips
Bouncer Ein Dart, der vom Board abprallt.
Bull Die aus Single und Double bestehenden innersten Segmente des Boards.
Bullseye → Double Bull.

Caller Bei größeren Turnieren der Ausrufer des Scores sowie Schiedsrichter des Spieles.
Center Bull → Double Bull
Chalker Schreiber
Check Ausruf nach Beendigung eines → Legs.
Checken Ein → Leg beenden.
Chips Kürzel für „Fish'n Chips", altehrwürdiges und traditionelles Mahl der Briten. Der Begriff steht für 26 Punkte und wurde abgeleitet von „Two Shillings Sixpence", dem Preis für Fish'n Chips. Andere benutzen den Begriff „Bed and Breakfast", wegen derselben Kosten.

Competition Wettbewerb oder kleineres Turnier, das in der Regel einmal pro Woche in einem Pub ausgetragen wird.

DDV Deutscher Dart-Verband
Diddle for Middle Wurf auf den Bull, um die Spielreihenfolge zu ermitteln.
Double Bull Das Zentrum der Scheibe. Er zählt 50 Punkte und kann als Doppel zum → Checken verwendet werden.

Exhibition Schaukämpfe von Profis gegen Profis oder Amateure.

Finish Beendigung eines → Legs mit einer Punktzahl von 170 abwärts.
Flight Am hinteren Ende des Darts angebrachter Stabilisator.

Game Spiel. Ausruf nach Beendigung eines → Legs.
Good Darts Anerkennende Bemerkung zu einem guten → Score oder einem guten Spiel.

Hard Luck → Unlucky
Hard on the Wire Dart, der dicht am Draht landet.
High Finish Höchstes Finish. Eine Punktzahl von 170 abwärts, die mit maximal drei Darts gecheckt wird. Bei Turnieren wird das höchste Finish prämiert.
High Score Höchste Punktzahl mit drei Darts.
Homes Double 1

Inner Bull → Double Bull

Joker Versehentlicher Wurf in ein Feld mit hoher Punktzahl.

Leg Spiel, beispielsweise einmal 501 bis 0. Bestandteil eines → Sets
Lucky Lander Unbeabsichtigter Wurf in ein Feld, das dem Werfer ermöglicht, schneller zu → Checken.

Marker → Chalker
Match Partie, bestehend aus mehreren Legs.
Modus Legt fest, wie viele → Sets und → Legs gespielt werden.

Nearest the Bull → Diddle for Middle
Nought Null

Oche Spielfläche, -anlage
Outer Bull auch: Single Bull. Kreis um → Double Bull, zählt 25 Punkte.

Point Spitze des Darts
Practice Darts Übungswürfe

Quiet – please: Ruhe, bitte

Referee Schiedsrichter

Schnicker Besonderes Merkmal des Schnickers: er streut seine Würfe wie eine Gießkanne.
Score Punktzahl, bezeichnet entweder die geworfene Punktzahl oder die Restpunktzahl.
Set Satz, bestehend aus mehreren → Legs.
Shortest Leg Kürzestes Spiel eines Wettkampfs.

Team Captain Mannschafts- oder Spielführer
Ton Tonne: 100 Punkte
Top Flightschoner, ein kleines Alu-Stück zum Schutz des → Flights.
Tops Double 20

Umpire Schlichter
Unlucky Mitleidige Bemerkung von Teamkollegen bei einem Fehlwurf.

Victory Sieg

WDC World Dart Council
WDO World Dart Organization

Adressen der Landesverbände

Baden-Württ. (BWDV)
Wilfried Porkert
Schillerstraße 57
74348 Lauffen a. N.
Telefon 0 71 33 / 54 61

Bayern (BDV)
Ingo Schmidt
Sommerau 5
87474 Buchenberg
Telefon 0 83 78 / 12 50

Berlin-Brand. (DVBB)
Martin Brummack
Silbersteinstraße 68
12051 Berlin
Telefon 0 30 / 6 26 32 41
Telefax 0 30 / 6 26 31 56

Bremen (HBDV)
Frank Wanders
Wilhelm-Raabe-Straße 25
26131 Oldenburg
Telefon 04 41 / 50 86 08
Telefax 04 11 / 5 04 04 05

Hamburg (LDHV)
Thorsten Sell
Dehnhaide 14
22081 Hamburg
Telefon 0 40 / 29 69 62

Hessen (HDV)
Volker Sextro
Stettiner Straße 7
63599 Biebergemünd
Telefon 0 60 50 / 85 62
Telefax 0 60 50 / 78 01

Niedersachsen (NDV)
Bernd Fehlberg
Mozartstraße 5
30926 Seelze
Telefon 0 51 37 / 9 18 66

Nr.-Westfalen (NWDV)
Günter Unger
Burbankstraße 13
53757 St. Augustin
Telefon 0 22 41 / 2 13 87
Telefax 0 22 41 / 2 13 97

Rheinl. Pfalz (RPDV)
Norbert Gast
Gottfried-Renn-Weg 2
67346 Speyer
Telefon 0 62 32 / 7 02 06
Telefax 0 62 32 / 2 62 74

Saarland (SADV)
Hans-Jürgen Danner
Im Langen Feld 3
66484 Althornbach
Telefon und Telefax 0 63 38 / 10 64

Sachsen (DVS)
Peter Krings
Ackerstraße 15
08468 Reichenbach-Vogtland
Telefon und Telefax 0 37 65 / 1 55 73

Schl. Holstein (SHDV)
Christoph Hinrichs
Friedlandstraße 84
23701 Eutin
Telefon 0 45 21 / 99 09

Da die Dartszene in den neuen Bundesländern noch nicht so organisiert ist wie die in den alten elf, wenden Sie sich bei Fragen an den Vorstand des Deutschen Dart Verbandes (DDV). Er wird auch Auskunft geben können, wenn Sie Kontakte im Ausland suchen oder dort Turniere besuchen wollen.

DDV-Präsident
Werner Proske
Jakobstraße 27
45478 Mühlheim / Ruhr
Telefon 02 08 / 5 14 10
Telefax 02 08 / 5 61 22

DDV-Bundesspielleiter
Wilfried Kohlstruck
Nietzschestraße 1
28201 Bremen
Telefon 04 21 / 55 24 62
Telefax 04 21 / 55 48 75

Zubehör

Was Sie zum Dartspielen brauchen, bekommen Sie in größeren Kaufhäusern, in Waffengeschäften oder im Dart-Shop um die Ecke. Wenn sich in Ihrer Nähe keine passende Einkaufsmöglichkeit findet, können Sie sich die Kataloge von Zubehörhändlern kommen lassen und dort direkt bestellen.

Stichwörterverzeichnis

Im FALKEN Verlag sind zahlreiche Bücher zum Thema Sport und Spiele erschienen.
Bitte fragen Sie Ihren Buchhändler.

ISBN 3 8068 1466 X

© 1994/1995 by Falken-Verlag GmbH, 65527 Niedernhausen/Ts.

Umschlaggestaltung: Peter Pinzer
Gestaltung: Horst Bachmann
Redaktion: Markus Hederer
Herstellung: Michael Greiss / Oliver Ernst
Titelbild: Peter Pinzer
Fotos: STUDIO TEAM Gesellschaft für Werbefotografie mbH, Langen/Wolfgang Zöltsch.
Die Aufnahmen entstanden in den Räumen des Pro Squash Pro Dart Pub in Mörfelden.
Zeichnungen: Gabriele Hampel, Kelkheim
Grafiken: Fromm Verlagsservice GmbH, Idstein
Reihengestaltung: Zembsch' Werkstatt, München

Satz: Grunewald Satz & Repro GmbH, Kassel
Druck: Wiesbadener Graphische Betriebe GmbH, Wiesbaden

817 2635 4453 62

NÜTZLICHE RATGEBER

EINE AUSWAHL

Stand: Frühjahr 1994

Hobby und Freizeit

Falken-Handbuch
Zeichnen und Malen
(4167-5) Von B. Bagnall, 336 S., 1154 Farbzeichnungen, Pappband. ●●●●●

Kreativ Zeichnen
(4688-X) Von B. Bagnall, 176 S., zahlr. Farbabb., Pappband. ●●●●

Punkt, Punkt, Komma, Strich
Zeichnen leicht gemacht
(4721-5) Von H. Witzig, 144 S., 512 s/w-Zeichnungen, Pappband. ●●

Punkt, Punkt, Komma, Strich
Zeichenstunde für Kinder
(0564-4) Von H. Witzig, 144 S., über 250 Zeichnungen, kart. ●

Einmal grad und einmal krumm
Zeichenstunde für Kinder
(0599-7) Von H. Witzig, 144 S., 363 Abb., kartoniert. ●

Figürliches Zeichnen
leicht gemacht
(1010-9) Von H. Witzig, 112 S., 462 Figuren, kartoniert. ●

Airbrush
Kreatives Gestalten mit dem Luftpinsel
(1133-4) Von C. M. Mette, 80 S., 145 Farbfotos, 40 Farbzeichnungen, kartoniert. ●●

Kalligraphie
Die Kunst des schönen Schreibens
(4263-9) Von C. Hartmann, 120 S., 44 Farbvorlagen, 29 s/w-Zeichn., 2 s/w-Zeichnungen, 38 Farbfotos, Pappband. ●●●●

Gestalten mit Schrift
Kalligraphie
(1044-3) Von I. Schade, 80 S., 2 Farb- und 1 s/w-Foto, 143 Farbzeichnungen, kart. ●●

Hobby Aquarellmalen
Landschaft und Stilleben
(0876-7) Von I. Schade, A. Brück, 80 S., 111 Farbabb., kart. ●●

Technik · Gestaltung · Ausdruck
Aquarellmalerei
Von der Realität zum Bild
(4529-8) Von Prof. W. Wrisch, 136 Seiten, 172 farb. Abbildungen, 5 s/w-Abbildungen, 46 Zeichnungen, Pappband. ●●●●

Hobby Ölmalerei
Landschaft und Stilleben
(0875-9) Von H. Kämper, I. Becker, 80 S., 93 Farbabb., kart. ●●

FALKEN
Lexikon der Seidenmalerei
Mit großer Farbmischtabelle
(4737-1) Von K. Huber, 208 S., 192 Farbfotos, Pappband. ●●●●

Seidenmalerei in Vollendung
(4414-3) Hrsg. von R. Smend, 160 S., 227 Farbfotos, 36 s/w-Fotos, geprägter Leineneinband mit Schutzumschlag, im Schuber. ●●●●●

Seidenmalerei
Westen · Blusen · Hosen
(1455-4) Von C. Köhl, ca. 64 Seiten, durchgehend vierfarbig, zahlreiche Abbildungen, mit Vorlagebogen, kartoniert. ●●

Seidenmalerei und Modedesign
Modelle · Techniken · Schnittmuster
(4476-3) Von B. Hansen, 176 S., 140 Farbf.93 Farb-, 68 s/w-Zeichn., Pappband. ●●●●

Seidenmalerei Exklusive Tücher
(1303-5) Von E. Schwinge, 80 S., 79 Farbfotos, 6 Zeichnungen, kart. ●●

Kreative Seidenmalerei
Motive · Muster · Farbenspiel
(4720-7) Von M. Neubacher-Fesser, ca. 136 S., zahlr. Farbabb., Pappband. ●●●●

Seidenmalerei
Muster über Muster
20 Künstlerinnen präsentieren 120 Ideen
(4744-4) 128 S., 188 Farbabbildungen, Pappband. ●●●●

Seidenmalerei
Die wichtigsten Techniken Schritt für Schritt
(1357-4) Von B. Hansen, 64 S., 97 Farbfotos, kartoniert. ●●

Seidenmalerei als Kunst und Hobby
(4264-7) Von S. Hahn, 136 S., 256 Farbfotos, 1 s/w-Foto, Pappband. ●●●●

Neue zauberhafte Seidenmalerei
Motive und Anregungen aus der Natur
(0924-0) Von R. Henge, 80 S., 148 Farbfotos, 27 s/w-Zeichnungen, kart. ●●●

Krawatten, Tücher und Fliegen individuell gestalten
Seidenmalerei
(1242-X) Von A. Reichmann, 64 S., durchgehend vierfarbig, kart. ●●

Aquarellieren auf Seide
Materialien · Techniken · Motive
(0917-8) Von I. Demharter, 32 S., 41 Farbfotos, Pappband. ●

Airbrush auf Seide
(1342-6) Von I. Demharter, 64 S., zahlreiche Farbabbildungen, kart. ●●

Airbrush Seidenmalerei
Mit Vorlagen für Schablonen
(1356-6) Von C. M. Mette, 80 S., 129 Farbf., kartoniert. ●●●

Seidenmalerei Bäume und Blätter
(5249-9) Von D. Kosik, 32 S., 5 Farbfotos, 23 Farb- u. 13 s/w-Zeichnungen, kart. ●

Seidenmalerei Landschaften
(5153-0) Von D. Kosik, 32 S., 50 Farbfotos, 12 Zeichnungen, mit Vorlagebogen in Originalgröße, kart. ●

Seidenmalerei Kissen
(5151-4) Von I. Demharter, 32 S., 42 Farbfotos, 2 Zeichnungen, mit Vorlagebogen in Originalgröße, kart. ●

Seidenmalerei Blusen und T-Shirts
(5184-0) Von A. Keller, 32 S., 28 Farbfotos, 12 Zeichnungen, mit Vorlagebogen in Originalgröße, kartoniert. ●

Seidenmalerei Tücher und Schals
(5152-2) Von R. Henge, 32 S., 36 Farbfotos, 1 Zeichnungen, mit Vorlagebogen in Originalgröße, kart. ●

Seidenmalerei Tiermotive
(5204-9) Von A. Keller, 32 S., 37 Farbfotos, mit Vorlagebogen in Originalgröße, kart. ●

Serti Designo
Seidenmalerei mit Kreidestiften
(5208-1) Von S. Tichy-Gibley, 32 S., 46 Farbfotos, mit Vorlagebogen in Originalgröße, kart. ●

Seidenmalerei Lampenschirme
(5154-9) Von I. Walter-Ammon, 32 S., 47 Farbfotos, 1 Zeichnung, mit Vorlagebogen in Originalgröße, kart. ●

Seidenmalerei Blüten, Blätter, Ranken
(5165-4) Von D. Kosik, 32 S., 35 Farbfotos, 4 Zeichnungen, mit Vorlagebogen in Originalgröße, kart. ●

Seidenmalerei Schmuckkarten und Miniaturbilder
(5166-2) Von I. Walter-Ammon, 32 S., 37 Farbfotos, 2 Zeichnungen, mit Vorlagebogen in Originalgröße, kart. ●

Akzente mit Perlen, Pailetten und Straß
Seidenmalerei
(5248-0) Von A. Keller, 32 S., ca. 50 Farbf., mit Vorlagebogen in Originalgröße, kart. ●

Seidenmalerei Bilder in Konturentechnik
(5182-4) Von I. Demharter, 32 S., 28 Farbfotos, 2 Zeichnungen, mit Vorlagebogen in Originalgröße, kart. ●

Seidenmalerei Applikationen
(5224-3) Von J. Bressau, 32 S., 50 Farbfotos, mit Vorlagebogen in Originalgröße, kart. ●

Apartes aus bemalter Seide
(5274-X) Von E. Möller, 48 Seiten, durchgehend vierfarbig, kartoniert. ●

Malen auf Seide
kinderleicht
(5218-9) Von R. Henge, 32 S., 11 Farbfotos, 44 Farbzeichn., Vorlagebogen, kartoniert. ●

Moderne Stoffmalerei
(1358-2) Von H. Sander, 64 S., 73 Farbf., 50 s/w-Zeichn., kart. ●●

Perfekt Stricken
Mit Sonderteil Häkeln.
(4250-7) Von H. Jaacks, 256 S., 703 Farbfotos, 169 Farb- und 121 s/w-Zeichnungen, Pappband. ●●●●

Das moderne Standardwerk
Nähen
(4709-6) Von S. von Rudzinski, 176 S., vierfarbig, Pappband. ●●●●

Stoffpuppen
nach alten Vorbildern
(5281-2) Von M. Meinesz, 48 S., durchgehend vierfarbig, kartoniert. ●

Heißgeliebte Teddys
Selbermachen · Sammeln · Restaurieren
(0900-1) Von H. Nadolny und Y. Thalheim, 80 Seiten, 118 Farbfotos, kartoniert. ●●●

Die hier vorgestellten Bücher, Videokassetten und Software sind in folgende Preisgruppen unterteilt:

● Preisgruppe bis DM 10,–/S 79,–/SFr 11,–
●● Preisgruppe über DM 10,– bis DM 20,–
S 80,– bis S 160,–
SFr 10,– bis SFr 21,–

●●● Preisgruppe über DM 20,– bis DM 30,–
S 161,– bis S 241,–
SFr 21,– bis SFr 30,–
●●●● Preisgruppe über DM 50,–/S 401,–/SFr 50,–

●●●● Preisgruppe über DM 30,– bis DM 50,–
S 241,– bis S 400,–
SFr 30,– bis SFr 50,–
* (unverbindliche Preisempfehlung)

Die Preise entsprechen dem Status beim Druck dieses Verzeichnisses (s. Seite 1) – Änderungen, im besonderen der Preise, vorbehalten –

Falken-Verlag GmbH · Postfach 1120   FALKEN   **D-65521 Niedernhausen/Ts. · Tel.: 0 61 27 / 70 20**

Marionetten
selbst bauen und führen
(**1043**-5) Von D. Köhnen, 80 S., 150 Farbfotos,
mit Schnittmusterbogen, kartoniert. ●●

Hampelmänner
Basteln mit Kindern ab 5 Jahren
(**5240**-5) Von F. Michalski, 32 S., ca. 50 Farbabb., mit Vorlageb. in Originalgröße, kart. ●

Künstlerpuppen
im 20. Jahrhundert
(**4719**-3) Hrsg. R. Höckh, 160 S., 192 Farbfotos, 26 s/w-Fotos, Pappband. ●●●●●

Charakterpuppen
aus Cernit und Porzellan selbst gestalten
(**1156**-3) Von S. Becker, 64 S., 143 Farbfotos,
30 Zeichnungen, 13 Vignetten, mit Schnittmusterbogen, kartoniert. ●●

Puppen zum Liebhaben
(**5199**-9) Von B. Wehrle, 32 S., 27 Farbfotos,
9 s/w-Zeichnungen, mit Vorlagebogen in
Originalgröße, kartoniert. ●

Basteln mit Kindern
Moosgummi
(**5271**-5) Von A. und R. Schurr, 48 S., durchgehend vierfarbig, mit Vorlagebogen. ●

Neue zauberhafte Salzteig-Ideen
(**0719**-1) Von I. Kiskalt, 80 S., 324 Farbfotos,
12 Zeichnungen, Schablonen, kart. ●●

Salzteig kinderleicht
(**0973**-9) Von I. Kiskalt, 80 S., 224 Farbfotos,
8 Zeichnungen, kartoniert. ●●

Hobby Salzteig
(**0662**-4) Von I. Kiskalt, 80 S., 150 Farbfotos,
5 Zeichnungen und Schablonen, kart. ●●

Kreatives gestalten mit Ton
Töpfern ohne Scheibe – Aufbaukeramik
(**0896**-1) Von A. Riedinger, 80 S., 207 Farbfotos, 16 Zeichnungen, 7 Vignetten, kart. ●●

Kreatives Gestalten mit Ton
Töpfern auf der Scheibe
(**0971**-2) Von A. Riedinger, 80 S., 28 Farb-
und 3 s/w-Zeichnungen, 178 Farbf., kart. ●●

Kneten und Modellieren
kinderleicht
(**5217**-0) Von V. Ettelt, 32 S., 12 Farbtafeln,
72 Farbzeichnungen, Vorlagebogen, kart. ●

Hobby Glaskunst in Tiffany-Technik
(**0781**-7) Von N. Köppel, 80 S., 194 Farbfotos,
6 s/w-Abbildungen, kartoniert. ●●

Tiffany-Technik
und andere kunstvolle Arbeiten in Glas
(**0972**-0) Von D. Köhnen, 80 S., 176 Farbfotos, 5 s/w-Zeichnungen, kartoniert. ●●

Ikebana
Grundstile und Variationen
(**4749**-5) Von E. Schwalm, 112 Seiten,
ca. 165 Farbfotos, 43 Grafiken, 2 Tabellen,
gebunden. ●●●●

**Dekorieren und Gestalten
mit Naturmaterialien**
rund ums Jahr
(**4748**-7) Von E. Dommershausen u.a., 128 S.,
ca. 200 Farbf. und -zeichnungen, geb. ●●●

Masken
phantasievoll dekorieren
(**5155**-7) Von Chr. Familler, 32 S., 48 Farbf.,
mit Vorlagebg. in Originalgröße, kart. ●

Laubsägearbeiten für das Kinderzimmer
(**5245**-6) Von H.-P. Krafft, 32 S., ca. 50 Farbf.,
mit Vorlagebg. in Originalgröße, kartoniert. ●

Schwingtiere aus Holz gestalten
(**5222**-7) Von der Arbeitsgem. Werken, 32 S.,
50 Farbfotos, mit Vorlagebogen in Originalgröße, kartoniert. ●

FALKEN Video
Drachen
bauen und fliegen
(**6141**-2) VHS, ca. 45 Min., in Farbe, mit
Broschüre. ●●●●*

Drachen
bauen und steigen lassen.
(**0767**-1) Von W. Schimmelpfennig, 80 Seiten,
1 dreiseitige Ausklapptafel, 55 Farbfotos,
139 Zeichnungen, kart. ●●●

Lenkdrachen
bauen und fliegen
(**1011**-7) Von W. Schimmelpfennig, 64 Seiten,
51 Farbf. und 126 Zeichnungen, kart. ●●

Neue Lenkdrachen und Einleiner
bauen und fliegen
(**1353**-1) Von W. Schimmelpfennig, 80 Seiten,
54 Farbf., 95 Farbzeichn., kart. ●●●

Drachen
Einfache Modelle für Kinder
(**5156**-5) Von W. Schimmelpfennig, 32 Seiten,
11 Farbfotos, 31 Zeichnungen, mit Vorlagebogen, kartoniert. ●

Basteln mit Kleinkindern
ab 3 Jahren
(**4747**-9) Von W. Kottke und I. Hübers-
Kemink, 128 Seiten, über 200 Farbabbildungen, mit Vorlagebogen, gebunden. ●●●

Das goldene Bastelbuch für Kinder
(**4769**-X) Von U. Barff (Hrsg.), 336 Seiten,
durchg. vierf., mit 2 Vorlagebogen, geb. ●●●

Basteln mit Kindern
Dinos & Drachen
(**5279**-0) Von G. Reinscheid, 48 Seiten, durchgehend vierfarbig, mit Vorlagebogen, kart. ●

Basteln mit Kindern
Fensterbilder Ritter und Burgen
(**5284**-7) Von D. Köhnen, 48 Seiten, durchgehend vierfarbig, mit Vorlagebogen. ●

Das große farbige
Bastelbuch für Kinder
(**4254**-X) Von U. Barff, I. Burkhardt, J. Maier,
224 S., 157 Farbf., 430 Farb- und 60 s/w-
Zeichn., m. Schnittmusterbg., Pappband. ●●●

Origami
Tiere aus aller Welt
(**5250**-2) Von J. Maier, 32 Seiten, 19 Farbfotos,
68 Farb- u. 16 s/w-Zeichnungen, kartoniert. ●

Hobby Origami
Papierfalten für groß und klein
(**0756**-6) Von Z. Aytüre-Scheele, 80 Seiten,
820 Farbfotos, kartoniert. ●

Neue zauberhafte Origami-Ideen
Papierfalten für groß und klein
(**0805**-8) Von Z. Aytüre-Scheele, 80 Seiten,
720 Farbfotos, kartoniert. ●●

Zauberwelt Origami
Tierfiguren aus Papier
(**1045**-1) Von Z. Aytüre-Scheele, 80 Seiten,
660 Farbfotos, kartoniert. ●●

Kreatives Gestalten mit **Papiermaché**
(**5246**-4) Von B. Jetzek-Berkenhaus, 32 S.,
ca. 50 Farbfotos, mit Vorlagebogen in Originalgröße, kartoniert. ●

Marmorieren
Muster · Techniken · Gestaltungsideen
(**5247**-2) Von T. Hartel, 32 S., ca. 50 Farbfotos,
mit Vorlagebg. in Originalgröße, kart. ●

Heut basteln wir mit Pappe und Papier
(**4413**-5) Von U. Barff, J. Maier, 224 Seiten,
117 Farbfotos, 480 Farbzeichn., 25 s/w-Abb.,
mit Schnittmusterbogen, Pappband. ●●●

Das große farbige Bastel- und Werkbuch
(**4439**-9) Von D. Rex, 256 S., 999 Farbfotos,
33 Farbzeichnungen, Pappband. ●●●●

Mein liebstes Spiel- und Bastelbuch
Die Welt der Dinosaurier
Tiere und Landschaften zum Selbermachen
Ausbrechen, aufstellen, spielen
(**4478**-X) Von B. Burkart, 8 Blatt mit heraus-
lösbaren Motiven, 280-g-Karton mit Stan-
zung, 8 S. Bastelanl. und Sachinformation. ●

Das große farbige
Dinosaurierbastelbuch
(**4686**-3) Von S. Koter, 128 S., 87 Farbfotos,
71 Farbzeichn., Vorlagebogen, Pappbd. ●●●

Fensterbilder in Scherenschnitt
(**5169**-7) Von A. Hahn, 32 Seiten, 52 Farbfotos, 3 s/w-Fotos, mit Vorlagebogen in Originalgröße, kartoniert. ●

**Fensterbilder
Meine Lieblingstiere**
(**5197**-2) Von Y. Thalheim, H. Nadolny,
32 Seiten, 38 Farbfotos, mit Vorlagebogen in
Originalgröße, kartoniert. ●

Fensterbilder Enten und Gänse
(**5278**-2) Von D. Köhnen, 48 Seiten, durchgehend vierfarbig, mit Vorlagebogen, kart. ●

Fensterbilder Lustige Tiere
(**5210**-3) Von F. Michalski, 32 S., 47 Farbfotos,
mit Vorlagebogen in Originalgröße, kart. ●

Fensterbilder Bauernhof
(**5264**-2) Von D. Köhnen, 48 Seiten, 44 Farbfotos, Vorlagebogen, kartoniert. ●

Fensterbilder Dinosaurier
(**5260**-X) Von C. Hüfner, 32 S., 8 Farbfotos,
47 Farbzeichnungen, Bastelbogen, kart. ●

Basteln mit Kindern
Fensterbilder Ritter und Burgen
(**5284**-7) Von D. Köhnen, 48 Seiten, durchgehend vierfarbig, mit Vorlagebogen, kart. ●

Mit Farben und Papieren
Fenster dekorieren
(**5255**-3) Von K. Groß, 32 Seiten, 8 Farbfotos,
59 Farbzeichnungen, kartoniert. ●

Basteln mit Kindern
Große Fensterbilder
(**5276**-6) Von D. Köhnen, 48 Seiten, durchgehend vierfarbig, mit Vorlagebogen, kart. ●

Originelle Fensterbilder
aus Tonpapier und Tonkarton
(**1305**-1) Von D. Köhnen, 64 Seiten, 70 Farbfotos, kartoniert. ●●

Die schönsten Fensterbilder
(**1066**-4) Von C. Kimmerle, 64 S., 100 Farbfotos, 7 Farbzeichnungen, kartoniert. ●●

Das Fensterbilder-Alphabet
Basteln mit Kindern ab 5 Jahren
(**5242**-1) Von E. Bohne, 32 S., ca. 50 Farbabb.,
mit Vorlagebogen in Originalgröße, kart. ●

Märchenhafte Fensterbilder
(**5185**-9) Von J. Maier, 32 S., 37 Farbfotos,
mit Vorlagebogen in Originalgröße, kart. ●

Fensterbilder Blumen und Tiere
(**5186**-7) Von M. Twachtmann, 32 Seiten,
41 Farbfotos, 3 Zeichnungen, mit Vorlagebogen in Originalgröße, kartoniert. ●

Fensterbilder rund um die Welt
(**1411**-2) Von D. Köhnen, 64 Seiten, Vorlagebogen, 66 Farbfotos, kartoniert. ●●

Fensterbilder Zahlen
(**5268**-5) Von E. Bohne, 32 S., zahlr. Farbabbildungen, Vorlagebogen, kartoniert. ●

Fensterbilder Strand und Meer
(**5266**-9) Von B. Alex, 32 S., 57 Farbfotos,
Vorlagebogen, kartoniert. ●

Fensterschmuck
Originelle Ideen für Dekorationen und
Fensterbilder
(**1241**-1) Von D. Köhnen, 64 S., ca. 70 Farbfotos, mit Vorlagebogen, kartoniert. ●●

Klassisches Origami
Asiatische Faltkunst für Fortgeschrittene
(**1454**-6) Von P. D. Tuyen, ca. 80 Seiten,
ca. 600 farbige Abbildungen, kartoniert. ●●

Sticker
Bastelspaß mit bunten Bildern
(**5270**-7) Von D. Dieterle und J. Reick, 48 S.,
73 Farbfotos, mit Vorlagebogen, kartoniert. ●

Papierflieger
(**5157**-3) Von T. Gött, 32 S., 73 Farbf., 19 Zeichn.,
mit Vorlagebogen in Originalgröße, kart. ●

Windspielzeug
Bastelspaß mit Kindern ab 5 Jahren
(**5241**-3) Von D. Köhnen, 32 S., ca. 50 Farbabb., mit Vorlagebg. in Originalgröße, kart. ●

Flieger und Schiffe aus Papier
falten, ausbalancieren und steuern
(**1410**-4) Von C. Hüfner, ca. 80 Seiten, zahlr.
Farbabbildungen, kartoniert. ●●

Faltschnitte
(**5257**-X) Von B. Blankenburg, 32 S., 12 Farbf.,
42 Farbzeichn., Vorlagebogen, kartoniert. ●

Laternen und Lampions
(**5206**-5) Von C. Hüfner, 32 S., 60 Farbfotos,
mit Vorlagebogen in Originalgröße, kart. ●

Mobiles aus Papier
(**5183**-2) Von J. Maier, 32 S., 17 Farbfotos,
35 Farbzeichnungen, mit Vorlagebogen in
Originalgröße, kartoniert. ●

Tiermobiles
(**5258**-8) Von C. Hüfner, 32 Seiten, 57 Farbzeichnungen, Vorlagebogen, kartoniert. ●

Sonne, Mond und Sterne
Motive und Geschenkideen
(**5282**-0) Von D. Köhnen, 48 Seiten, durchgehend vierfarbig, mit Vorlagebogen, kartoniert. ●

Bastelideen für Indianerspiele
(**5252**-9) Von B. Nelich, D. Velte, 32 Seiten,
38 Farbfotos, Vorlagebogen, kartoniert. ●

Der große Verkleidungsspaß
Kinderkostüme
(**1304**-3) Von C. Baumgarten, 53 Farbfotos,
183 Farbzeichn., kartoniert. ●●

Lustige Geschenk- und Schultüten
(**5263**-4) Von F. Michalski, 32 Seiten,
26 Farbfotos, Vorlagebogen, kartoniert. ●

Deco Art
Die Kunst, Geschenke zu verpacken
(**0949**-6) Von B. Niermann, 80 S., 78 Farbfotos, 191 Zeichnungen, kartoniert. ●●

Geschenke wunderschön verpacken
(**1113**-X) Von P. Jansen, 80 S., 79 Farbfotos,
166 Farbzeichnungen, kartoniert. ●●

Geschenke umweltfreundlich verpacken
(**1240**-3) Von P. Jansen, 64 S., vierfarbige
Fotos und Illustrationen, kartoniert. ●●

Geldgeschenke
phantasievoll gestalten
(**5251**-0) Von P. Jansen, 32 Seiten, 49 Farbfotos, Vorlagebogen, kartoniert. ●

**Geldgeschenke · Gutscheine ·
Geschenkanhänger**
originell gestalten und verpacken
(**115**-6) Von S. Haenitsch-Weiß, A. Weiß,
80 Seiten, 176 Farbfotos, kartoniert. ●●

Geschenke verpacken für Kinderfeste
(**5195**-6) Von C. Netolitzky, 32 S., 43 Farbfotos,
mit Vorlagebogen in Originalgröße, kart. ●

Originelles Ambiente für Gäste
Festdekorationen
(**1049**-4) Von B. Niermann, 80 S., 125 Farbfotos, 59 Farbzeichn., kartoniert. ●●

Origineller Bastelspaß rund ums Herz
Motive und Geschenkideen
(**5272**-3) Von D. Köhnen, 48 Seiten, durchgehend vierfarbig, mit Vorlagebogen, kart. ●

Dekorative Schleifen
aus Bändern und Papier
(**5205**-7) Von M. Schorege, 32 S., 28 Farbfotos, 19 Farbzeichnungen, mit Vorlagebogen
in Originalgröße, kartoniert. ●

**Dekorieren und Arrangieren mit
Seidenblumen**
(**5200**-6) Von M. L. Sprang, 32 S., 37 Farbfotos, 14 Farbzeichnungen, mit Vorlagebogen
in Originalgröße, kartoniert. ●

Schmuck- und Glückwunschkarten
Papierarchitektur · Collagen · Faltschnittkarten
(**114**-8) Von C. Sanladerer, 64 S., 55 Farbfotos, 31 Farbzeichnungen, kartoniert. ●

Einladungs-, Tisch- und Menükarten
selbst gestalten
(**1302**-7) Von S. Haenitsch-Weiß, 80 Seiten,
zahlreiche Farbabbildungen, kartoniert. ●●

Basteln mit Kindern
Moosgummi
(**5271**-5) Von A. und R. Schurr, 48 Seiten,
durchgehend vierfarbig, mit Vorlagebogen,
kartoniert. ●

Originell und Modern
Moosgummi
(**1354**-X) Von S. Boczkowski-Sigges, 56 Seiten,
92 Farbfotos, kartoniert. ●●

Osterschmuck
Neue Ideen für Kränze, Sträuße, Gestecke
(**5267**-7) Von I. Gleim, ca. 32 Seiten, zahlr.
Farbabbildungen, kartoniert. ●

Basteln mit Kindern für
Ostern
(**5283**-9) Von V. Ettelt u.a., 48 Seiten, 12 Farbf.,
83 Farbzeichnungen, mit Vorlagebg., kart. ●

Ostereier originell dekorieren
(**5219**-7) Von W. Velte, 32 S., 44 Farbfotos,
mit Vorlagebogen in Originalgröße, kart. ●

Fensterbilder für die Osterzeit
(**5244**-8) Von R. Lübke, D. Lübke, 32 S., ca.
50 Farbf., mit Vorlagebg. in Originalg., kart. ●

Basteln für Ostern
(**5164**-6) Von Chr. Adjano, 32 S., 47 Farbfotos,
mit Vorlagebogen in Originalgröße, kart. ●

Ostereier
Basteln mit Kindern ab 5 Jahren
(**5243**-X) Von Vera Ettelt, 32 Seiten, mit
Spielebogen, kartoniert. ●

Tischdekorationen für Ostern
(**5220**-0) Von Chr. Adjano, 32 S., 49 Farbfotos,
mit Vorlagebogen in Originalgröße, kart. ●

Basteln und dekorieren für
Advent und Weihnachten
(**4446**-1) Von G. Teusen, C. Netolitzky, 176 S.,
285 Farbf., mit Bastelvorlagebg., Pappb. ●●●

Kinderbastelbuch
für Advent und Weihnachten
(**4687**-1) Von S. Wetzel-Maesmanns, 104 S.,
ca. 120 Farbfotos, ca. 300 Anleitungsillustra-
tionen, Vorlagebogen, Pappband. ●●

Lustige Bastelideen für die
Weihnachtszeit
(**5256**-1) Von B. Löschenkohl, 32 S., 8 Farbfotos, 69 Farbzeichn., mit Vorlagebogen, kart. ●

Basteln für Weihnachten
(**5162**-X) Von Chr. Adjano, 32 S., 44 Farbfotos,
mit Vorlagebogen in Originalgröße, kart. ●

Fensterbilder Winter und Weihnachten
(**5275**-8) Von F. Michalski, 48 S., 57 Farbfotos,
Vorlagebogen, kartoniert. ●

**Fensterdekorationen für die
Weihnachtszeit**
(**5181**-6) Von Y. Thalheim, H. Nadolny, 32 S.,
33 Farbfotos, mit Vorlagebogen in Originalgröße, kartoniert. ●

**Fensterbilder für Advent und
Weihnachten**
(**5211**-1) Von M. Schorege, 32 S., 24 Farbf.,
15 Zeich., mit Vorlagebg. in Originalg., kart. ●

Strohsterne
in bunter Vielfalt
(**5273**-1) Von M. Schorege, 48 S., 46 Farbfotos,
Vorlagebogen, kartoniert. ●

Duftender Weihnachtsschmuck
aus Tonpapier und Potpourris
(**5254**-1) Von S.Wetzel-Maesmanns, 32 Seiten,
38 Farbfotos, Vorlagebogen, kartoniert. ●

Duftsträuße und Potpourris
(**1239**-X) Von A. Effelsberg, 80 Seiten,
ca. 200 vierfbg. Abbildungen, kartoniert. ●●

Potpourris
Rezepturen und Geschenkideen
(**5265**-0) Von U. Altmann, 32 Seiten, 53 Farbfotos, kartoniert. ●

Trockenblumen
Gewürzsträuße, Gestecke, Kränze, Buketts
(**0643**-8) Von R. Strobel-Schulze, 88 Seiten,
170 Farbfotos, kartoniert. ●

Phantasievolles Schminken
Verzauberte Gesichter für Maskeraden,
Laienspiele und Kinderfeste
(**0907**-0) Hrsg.: H. u. Y. Nadolny, 64 Seiten,
227 Farbfotos, kartoniert. ●●

Schminken für Kinder
(**5177**-8) Von Y. Thalheim, H. Nadolny, 32 S.,
68 Farbfotos, mit Vorlagebogen in Originalgröße, kartoniert. ●

Do it yourself und Technik

Moderne Fotopraxis
(**4401**-1) Von G. Koshofer, Prof. H. Wedewardt,
224 S., 363 Farbfotos, 106 s/w-Fotos, 5 Farb-
und 24 s/w-Zeichnungen, Pappband. ●●●●

So macht man bessere Fotos
(**1158**-X) Von G. Koshofer, 144 S., 259 Farbfotos, 25 s/w-Fotos, kartoniert. ●●

So macht man bessere Kinderfotos
(**1459**-7) Von G. Koshofer, ca. 120 Seiten,
ca. 260 farbige Abbildungen, kartoniert. ●●●

Kodak Photo CD
Bilder archivieren, bearbeiten, präsentieren
(**4388**-0) Von H. Freund, ca. 176 Seiten,
durchgehend vierfarbig, kartoniert. ●●●

Videografieren
Filmen mit Video 8. Technik – Bildgestaltung
– Schnitt – Vertonung.
(**0843**-0) Von M. Wild, K. Möller, 120 Seiten,
101 Farbfotos, 22 s/w-Fotos, 52 Zeichnungen,
kartoniert. ●●

Videografieren perfekt
Profitricks für Aufnahmetechnik und
Nachbearbeitung
(**0969**-0) Von W. Schild, 120 S., 144 Farbbil-
dungen, 5 s/w-Zeichnungen, kart. ●●●

Besser VIDEOfilmen
Moderne Technik für perfekte Videos
(**1458**-9) Von W. Schild, ca. 160 Seiten, zahlreiche Farbabbildungen, kartoniert. ●●●

Videofilmen wie ein Profi
Technik · Motive · Filmaufbau ·
(**4506**-9) Von T. Pehle, 232 S., 444 Farbfotos,
61 zweifbg. Zeichnungen, Pappband. ●●●●

Do it yourself
Heimwerken
(**4117**-9) Von T. Pochert, 456 S., 1103 Farbfotos, 100 Farbabb., Pappband. ●●●●

Drechseln
Material · Technik · Beispiele
(**1306**-X) Von O. Maier, 72 S., 195 Farbabbildungen, 14 s/w-Zeichnungen,
kartoniert. ●●

Do it yourself
Dachgeschoß- und Innenausbau
(**1243**-8) Von M. Maurer, 96 S., 314 Farbfotos,
35 Zeichn., kartoniert. ●●

Do it yourself
Sanitärinstallationen
(**1118**-0) Von W. Kawlath, 96 Seiten, 214 Farbabbildungen, kartoniert. ●●

Do it yourself
Metall bearbeiten
(**1119**-9) Von O. Maier, 96 S., 230 Farbfotos,
6 s/w-Zeichnungen, kartoniert. ●●

Do it yourself
Elektroarbeiten
(**0975**-5) Von K. H. Schubert, 120 S., 193 Farbfotos, 40 Zeichnungen, kartoniert. ●●

Möbel im Designer-Stil
entwerfen und bauen
(**1360**-4) Von H.-W. Bastian, ca. 64 Seiten,
zahlr. Farbabbildungen, kartoniert. ●●●

Möbel für Kinderzimmer und Wohnbereich
(1456-2) Von H.-W. Bastian, 80 Seiten, vierfarbig, kartoniert. ●●

Schnitzen
Hölzer · Muster · Werkzeuge
(1414-7) Von O. Maier, ca. 64 Seiten, zahlr. Farbabbildungen, kartoniert. ●●

Modellbauelektronik
Fernsteuerungen für Autos, Schiffe, Flugzeuge
(1361-2) Von W. Kawlath, 80 Seiten, zahlr. Farbabbildungen, kartoniert. ●●

Alarmanlagen
für Wohnung, Haus, Auto
(1308-6) Von H.-W. Bastian, 64 Seiten, 81 Farbfotos, 32 Zeichnungen kartoniert. ●●

Solarstromanlagen
bauen und installieren
(1457-0) Von P. Röbke-Doerr, E. Steffens, ca. 80 Seiten, ca. 200 farbige Abbildungen, kartoniert. ●●

Hifi-Boxen
(1307-8) Von U. Hilgefort, 96 S., 160 Farbfotos, 49 Zeichnungen, kartoniert. ●●

Technik im Garten
Pumpen · Filter · Beleuchtung
(1238-1) Von H.-W. Bastian, 64 S., 90 Farbfotos, 17 Farbzeichnungen, kartoniert. ●●

Restaurieren von Möbeln
Stilkunde, Materialien, Techniken, Arbeitsanleitungen in Bildfolgen.
(4120-9) Von E. Schnaus-Lorey, 152 S., 37 Farbf., 75 s/w-Fotos, 352 Zeich., Pappbd. ●●●●

Elektronik als Hobby
Von der Grundlagenschaltung zum integrierten Schaltkreis
Mit 8 wichtigen Universalplatinen
(4293-0) Von W. Priesterath, 264 S., 80 s/w-Fotos, 128 Zeichn., Pappband. ●●●●

Die Super-Sportwagen der Welt
(4423-2) Von H. G. Isenberg, 194 S., 184 Farbfotos, 4 farbige Ausklapptafeln, 32 s/w-Fotos, Pappband. ●●●●

Die Super-Rennwagen der Welt
(4707-X) Von H. G. Isenburg, 194 Seiten, 189 Farbf., 31 s/w-Fotos, Pappband. ●●●●

Die Super-Trucks der Welt
(4257-4) Von H. G. Isenberg, 194 Seiten, 205 Farbfotos, 87 s/w-Fotos, 7 Farbzeichn., 4 farbige Ausklapptafeln, Pappbd. ●●●●

Die Super-Motorräder der Welt
(4193-4) Von H. G. Isenberg, 192 Seiten, 170 Farb- und 100 s/w-Fotos, 8 Zeichnungen, Pappband. ●●●●

Die Super-Eisenbahnen der Welt
(4287-6) Von W. Kosak, H. G. Isenberg, 224 S., 269 Farbfotos, 79 s/w-Fotos, 8 Vignetten, 5 farbige Ausklapptafeln, Pappband. ●●●●

Die Super-Dampfloks der Welt
(4480-1) Von H. Faust, H. G. Isenberg, 194 Seiten, 193 Farbfotos, mit vier Ausklapptafeln, Pappband ●●●●

Plastikmodellbau
Autos, Schiffe, Flugzeuge in vollendeter Technik.
(1116-4) Von W. Kawlath, 96 Seiten, 272 Farbabbildungen, kartoniert. ●●

Spiele und Denksport

Spielbare Witze für Kinder
(0824-4) Von H. Schmalenbach, 112 Seiten, 30 Zeichnungen, kartoniert. ●

Neue spielbare Witze für Kinder
(1173-3) Von H. Schmalenbach, 96 Seiten, 31 Zeichnungen, kartoniert. ●

Scherzfragen, Drudel und Blödeleien
gesammelt von Kindern.
(0506-7) Hrsg. von W. Pröve, 80 Seiten, 57 Zeichnungen, kartoniert. ●

Spiele mit Papier und Bleistift
(2044-9) Von K.-H. Koch, ca. 96 Seiten, kartoniert. ●

Der Elefant in meiner Hand …
Fingerspiele
für Kinder vom Baby – bis zum Grundschulalter
(2043-0) Von G. Falkenberg, 72 Seiten, 146 Farbzeichnungen, kartoniert. ●

Kinderspiele
die Spaß machen
(2009-0) Von H. Müller-Stein, 104 Seiten, 28 Abbildungen, kartoniert. ●

Kinderspiele mit Buchstaben und Wörtern
(1041-9) Von Dr. U. Vohland, 96 Seiten, 54 Zeichnungen, kartoniert. ●

Spiel und Spaß am Krankenbett
für Kinder und die ganze Familie
(2035-X) Von H. Bücken, 96 Seiten, 97 Zeichnungen, kartoniert. ●

Spiele im Freien
(2038-4) Von G. Wagner, 88 S., 20 zweifb.-Zeichnungen, kartoniert. ●

Spiel und Spaß zu Hause
(2039-2) Von U. Geißler, 80 S., 90 zweifb. Abbildungen, kartoniert. ●

Spiel und Spaß auf Reisen
Für Kinder und die ganze Familie
(1085-0) Von U. Geißler, 80 S., 107 zweifb.-Zeichnungen, kartoniert. ●

Kleine Spiele ganz groß
(1330-2) Von U. Vohland, 80 Seiten, 93 s/w-Zeichnungen, kart. ●

Entdeckungsspiele für die ganze Familie
Rallyes zu Fuß und mit dem Fahrrad
(1393-0) Von U. Vohland, 96 S., 117 Zeichnungen, kartoniert. ●●

Kinder spielen Theater
(4696-0) Von G. Walter, 160 S., 48 Farbfotos, 229 Farbzeichnungen, Pappband. ●●●

Guten Tag, Kinder!
Neue Texte mit Spielanleitungen fürs Kasperletheater.
(0861-9) Von U. Lietz, 96 S., 18 s/w-Zeichnungen, kartoniert. ●

Kasperletheater
Spieltexte und Spielanleitungen · Basteltips für Theater und Puppen.
(0641-1) Von U. Lietz, 114 Seiten, 4 Farbtafeln, 12 s/w-Fotos, 39 Zeichnungen, kartoniert. ●

Kindergeburtstage, die keiner vergißt
Planung, Gestaltung, Spielvorschläge.
(0698-5) Von U. und G. Zimmermann, 104 S., 80 Vignetten, kartoniert. ●

Kindergeburtstig
Vorbereitung, Spiel und Spaß.
(0287-4) Von Dr. I. Obrig, 136 S., 40 Abb., 11 Zeichn., 9 Lieder mit Noten, kart. ●●

Unvergeßliche Kindergeburtstage
(4705-3) Von G. Hennekemper, 176 S., 116 Farbfotos, 134 Farbzeichn., Pappband. ●●●

Unvergeßliche Kinderpartys
(4756-8) Von V. Mirschel, 112 S., zahlreiche Farbfotos und -zeichnungen, gebunden. ●●●

Unvergeßliche Kinderfeste
Tolle Dekorationen, Spiele, Sketche für drinnen und draußen
(4457-7) Von Dr. G. Hennekemper, 192 S., 111 Farbfotos, 214 Farb- und 14 s/w-Zeichnungen, 4 S. Schnittmuster, Pappband. ●●●

Spielen mit den Allerkleinsten
(4691-X) Von S. Horak, 128 S., 47 Farbfotos, Pappband. ●●●

Lauter tolle Sachen, die Kinder gerne machen
(4731-2) Hrsg. U. Barff., 352 S., 117 Farbfotos, 778 Farbzeichnungen, Pappband. ●●●●

Das große bunte Spielebuch
für Kinder von 2 bis 6 Jahren
(4543-3) Von R. Grabbet, 160 S., 312 Farbabbildungen, Pappband. ●●●

Mein kunterbuntes Ratebuch
Rätselspiele mit Bildern und Wörtern für Kinder von 7 bis 10 Jahren
(4697-9) Von D. und R. Zey, ca. 144 Seiten, durchgehend vierfarbig, gebunden. ●●●

Neues Buch der siebzehn und vier Kartenspiele
(0095-2) Von K. Lichtwitz, 96 S., kartoniert. ●

Alles über Pokern
Regeln und Tricks.
(2024-4) Von C. D. Grupp, 112 S., 29 Kartenbilder, kartoniert. ●

Rommé und Canasta
in allen Variationen.
(2025-2) Von C. D. Grupp, 88 S., 24 Zeichnungen, kartoniert. ●

Doppelkopf, Schafkopf, Binokel, Cego, Tarock und andere Stammtischspiele.
(2015-5) Von C. D. Grupp, 112 S., kartoniert. ●

Das Skatspiel
Eine Fibel für Anfänger
(0206-8) Von K. Lehnhoff, 96 S., kartoniert. ●

Spielend Skat lernen
unter freundlicher Mitarbeit des Deutschen Skatverbandes
(2005-8) Von Th. Krüger, 120 Seiten, 181 s/w-Fotos, 22 Zeichnungen, kart. ●●

Patiencen
in Wort und Bild. (2003-1) Von I. Wolter-Rosendorf, 120 Seiten, kartoniert. ●

Neue Patiencen
(2036-8) Von H. Sosna, 160 Seiten, 43 Farbtafeln, kartoniert. ●

Spielend Bridge lernen
(2012-0) Von J. Weiss, 96 Seiten, 58 Zeichnungen, kartoniert. ●

Spieltechnik im Bridge
(2004-X) Von V. Mollo und N. Gardener, dt. Adaption von D. Schröder, 152 S., kart. ●●●

Neue Kartentricks
(2027-9) Von K. Pankow, 104 Seiten, 20 Abbildungen, kartoniert. ●

Das japanische Brettspiel Go
(2020-1) Von W. Dörholt, 104 S., 182 Diagramme, kart. ●

Spielend Go lernen
(2041-4) Von H. Otake, S. Futakuchi, 192 S., 615 s/w-Zeichnungen, kartoniert. ●●

Mah-Jongg
Das chinesische Glücks-, Kombinations- und Gesellschaftsspiel. (2030-9) Von U. Eschenbach, 80 S., 30 s/w-Fotos, 5 Zeichn., kart. ●

Backgammon
für Anfänger und Könner. (2008-2) Von G. W. Fink und G. Fuchs, 104 S., 41 Abb., kart. ●

Einführung in das Schachspiel
(0104-5) Von W. Wollenschläger und K. Colditz, 112 S., 116 Diagramme, kartoniert. ●

Schach, das königliche Spiel
Von den Grundzügen zum strategischen Spiel.
(1105-9) Von T. Schuster, 192 S., 302 Diagramme, kart. ●●

Spielend Schach lernen
(2002-3) Von T. Schuster, 96 S., , kartoniert. ●

Kinder- und Jugendschach
Offizielles Lehrbuch des Deutschen Schachbundes zur Errringung der Bauern-, Turm- und Königsdiplome.
(0561-X) Von B. J. Withuis, H. Pfleger, 144 S., 220 Zeichnungen und Diagramme, kart. ●●

Zug um Zug
Schach für Jedermann 1
Offizielles Lehrbuch des Deutschen Schachbundes zur Erringung des Bauerndiploms.
(0648-9) Von H. Pfleger, E. Kurz, 80 Seiten,
24 s/w-Fotos, 8 Zeichnungen,
60 Diagramme, kartoniert. ●●

Zug um Zug
Schach für Jedermann 2
Offizielles Lehrbuch des Deutschen Schachbundes zur Erringung des Turmdiploms.
(0659-4) Von H. Pfleger, E. Kurz, 128 Seiten,
7 s/w-Fotos, 13 Zeichnungen, 78 Diagramme,
kartoniert. ●●

Zug um Zug
Schach für Jedermann 3
Offizielles Lehrbuch des Deutschen Schachbundes zur Erringung des Königsdiploms.
(0728-0) Von H. Pfleger, G. Treppner, 128 S.,
4 s/w-Fotos, 84 Diagr., 10 Zeichn., kart. ●●

Schach für Fortgeschrittene
Taktik und Probleme des Schachspiels
(0219-X) Von R. Teschner, 88 Seiten,
85 Diagramme, kartoniert. ●

Neue Schacheröffnungen
(0478-8) Von T. Schuster, 104 Seiten,
100 Diagramme, kartoniert. ●

Würfelspiele
für jung und alt.
(2007-4) Von F. Pruss, 112 S.,
21 s/w-Zeichnungen, kartoniert. ●

Roulette richtig gespielt
Systemspiele, die Vermögen brachten.
(0121-5) Von M. Jung, 96 S., zahlreiche
Tabellen, kartoniert. ●

Spiele für Party und Familie
(2014-7) Von Rudi Carrell, 80 S., 22 Zeichnungen, kartoniert. ●

Neue Spiele für Ihre Party
(2022-8) Von G. Blechner, 120 S., 54 Zeichnungen, kartoniert. ●

Lustige Tanzspiele und Scherztänze
für Partys und Feste.
(0165-7) Von E. Bäulke, 80 S., 53 Abb., kart. ●

Das Spiel mit der Schwerkraft
Jonglieren
Mit Bällen, Keulen, Ringen und Diabolo.
(1009-5) Von S. Peter, 80 S., 149 Farbfotos,
kartoniert. ●

Zaubern
einfach – aber verblüffend.
(2018-X) Von D. Bouch, 84 Seiten, 41 Zeichnungen, kartoniert. ●

Tips, Tricks und Gewinnstrategien für
Game-Boy-Spiele
(1235-7) Von René Zey, 176 Seiten,
100 Zeichnungen, kartoniert. ●●

Neue Game-Boy-Spiele
Sport, Action und Adventure
(1325-6) Von R. Zey, 176 Seiten, 21 s/w-
Zeichnungen, kartoniert. ●●

Alles über Super-Nintendo-Spiele
Technik, Tips und Facts
(1340-X) Von D. Mark, 104 S., zahlreiche
Farbabbildungen, kartoniert. ●●

Das 3. Glücksrad Rätselbuch
(1391-4) 160 Seiten, kartoniert. ●●

Rätselspiele
Quiz- und Scherzfragen für gesellige Stunden
(1270-5) Von K. H. Schneider, ca. 80 Seiten,
ca. 80 s/w-Abbildungen, kartoniert. ●

Knobeleien und Denksport
(2019-8) Von K. Rechberger, 142 Seiten,
105 Zeichnungen, kartoniert. ●

So feiert man Feste fröhlicher
Heitere Vorträge und Gedichte
(0098-7) Von Dr. Allos, 96 Seiten, 15 Abbildungen, kartoniert. ●

Die große Lachparade
Neue Texte für heitere Vorträge und Ansagen
(0188-6) Von E. Müller, 80 S., kartoniert. ●

Rat und Wissen

Der gute Ton
in Gesellschaft und Beruf.
(0063-4) Von I. Wolter, 80 S., 42 s/w-Fotos,
7 Zeichnungen, kartoniert. ●

Der gute Ton
im Privatleben.
(1111-3) Von I. Wolter, bearbeitet von Wolf
Stenzel, 104 S., 42 s/w-Abbildungen, kart. ●

Umgangsformen heute
Die Empfehlungen des Fachausschusses für
Umgangsformen.
(4015-6) 252 S., 108 s/w-Fotos, 17 Zeichnungen, Pappband. ●●●

Abc der modernen Umgangsformen
(4754-1) Von I. Wolff, ca. 300 Seiten,
zahlreiche Abbildungen, gebunden. ●●●

Benehmen bei Tisch
(0988-7) Von I. Cording, 80 S., 90 Farbfotos,
5 s/w-Zeichnungen, kartoniert. ●●

Krawatten
Fliegen, Schals und Tücher gekonnt binden
(1072-9) Von Y. Thalheim, H. Nadolny, 48 S.,
129 Farbfotos, 1 s/w-Foto, Pappband. ●

freundin
Farbberatung
Alle Farben, die Ihnen wirklich stehen
(4520-4) Von Chr. Buscher, 128 Seiten,
175 Farbfotos, Pappband. ●●●●

freundin
Das perfekte Make-up
(4727-4) Von M. Rüdiger, H. Kirchberger,
G. Mergenburg, 128 Seiten, 271 Farbfotos,
Pappband. ●●●●

freundin
Der große Ratgeber
Body Fitness
Diät · Pflege · Bräune · Gymnastk ·
Anti-Cellulite-Programm
(4758-4) Von M. Bückmann u.a., ca. 128 S.,
durchgehend vierfarbig, gebunden. ●●●●

freundin Ratgeber
Hochzeit feiern
(4702-2) Von C. von Hoerner-Nitsch, I. Weber,
K. Riebartsch, C. von Bernuth, 128 Seiten,
188 Farbfotos., 28 s/w-Fotos, Pappbd. ●●●●

freundin
Typ & Frisur
(4695-2) Von E. Bolz, 128 S., 219 Farbfotos,
Pappband. ●●●●

Gedichte, Reden und Sketche
für grüne, silberne u. goldene Hochzeitstage
(1269-1) Von F. Rieder, 160 S., durchgehend
vierfarbig, Pappband. ●●

Von der Verlobung zur Goldenen
Hochzeit
(0393-5) Von E. Runge, 112 Seiten,
kartoniert. ●

Hochzeitszeitungen
Tolle Ideen für Leute von heute
(1379-5) Von Y. Thalheim, 80 S., 160 zweifbg.
Abbildungen, kartoniert. ●●

Die Silberhochzeit
Vorbereitung · Einladung · Geschenkvor-
schläge · Dekoration · Festablauf · Menüs ·
Reden · Glückwünsche. (0542-3) Von K. F.
Merkle, 112 S., 41 Zeichnungen, kartoniert. ●

Geburtstagsfeiern für jedes Alter
Planung und Festgestaltung
(1382-5) Von S. Ahrndt, 120 S., 145 Farbfotos,
28 Farbzeichnungen, kartoniert. ●●

Geburt und Taufe feiern
Planung und Festgestaltung
(1443-0) Von S. Ahrendt, 112 Seiten, 46 Farbzeichn., kartoniert. ●●

Wie soll es heißen?
(0211-4) Von D. Köhr, 136 S., kartoniert. ●

Unsere beliebtesten Vornamen
(1023-0) Von A. F. W. Weigel, 160 Seiten,
75 s/w-Fotos, Pappband. ●●

Die schönsten Vornamen
(4755-X) Hrsg. Dr. D. Voorgang,
ca. 208 Seiten, über 100 Farbzeichnungen,
gebunden. ●

Kindergedichte, Lieder und Sketche für
Hochzeitsfeiern
(1112-1) Von B. Lins, 72 Seiten, 26 farbige
Abbildungen, 15 Lieder, kartoniert. ●

Neue Kindergedichte und Lieder
für Hochzeitsfeste
(1431-7) Von A. Schweiggert, 80 S., 27 s/w-
Zeichnungen, kartoniert. ●

Kindergedichte rund ums Jahr
(1040-0) Von A. Schweiggert, 80 Seiten,
49 Zeichnungen, 6 Vignetten, kartoniert. ●

Kindergedichte für alle Tage und Feste
Freu dich, daß noch Blumen sprießen . . .
(1489-9) Von G. Rudolf, 160 S., durchgehend
zweifarbig, gebunden. ●●

Ins Gästebuch geschrieben
(0576-8) Von K. H. Trabeck, 96 Seiten,
24 Zeichnungen, kartoniert. ●

Der Verseschmied
Kleiner Leitfaden für Hobbydichter.
(0597-0) Von T. Parisius, 96 Seiten,
28 Zeichnungen, kartoniert. ●

Mach' dir einen Reim
Der moderne Verseschmied
(1433-3) Von G. Rudorf, 192 S., Pappband. ●●

Die schönsten Volkslieder
(0432-X) Hrsg. D. Walther, 128 S., mit Noten
und Zeichnungen, kartoniert. ●

Alte und neue
Wanderlieder
(1268-3) Von P. G. Walter, 96 S., zweifarbig,
kartoniert. ●●

Neue Glückwunschfibel
für groß und klein.
(0156-8) Von R. Christian-Hildebrandt, 96 S.,
13 Vignetten, kartoniert. ●

Großes Buch der Glückwünsche
(0255-6) Hrsg. von O. Fuhrmann, 176 S.,
77 Zeichnungen und viele Gestaltungsvor-
schläge, kartoniert. ●●

Wetter und Wind ändern sich geschwind
Beliebte Bauernregeln
(1267-5) Von G. Haddenbach, ca. 80 Seiten,
ca. 30 zweifarbige Illustrationen, kart. ●●

Beliebte Verse fürs Poesiealbum
Rosen, Tulpen, Nelken . . .
(0431-1) Von W. Pröve, 96 Seiten, 11 Faksi-
mile-Abbildungen, kartoniert. ●

Verse fürs Poesiealbum
(0241-6) Von I. Wolter, 120 Seiten, 20 Abbildungen, kartoniert. ●

Heiter und besinnliche
Verse fürs Poesiealbum
(1069-9) Von B. H. Bull, 160 Seiten, 70 zweifarbige Illustrationen, Pappband. ●●

Klassische Verse und Zitate
Für Glückwünsche, Briefe, Reden und Poesie-
alben
(1223-3) Von P. Motzan, 224 Seiten, 40 Abbildungen, Pappband. ●●

Die Kunst der freien Rede
Ein Intensivkurs mit vielen Übungen,
Beispielen und Lösungen.
(4189-6) Von G. Hirsch, 232 Seiten, 11 Zeichnungen, Pappband. ●●●

Trinksprüche, Gästebuchverse,
Richtsprüche
(0224-6) Von D. Kellermann, 96 Seiten,
kartoniert. ●

Glückwünsche, Toasts und Festreden zu
Polterabend und Hochzeit
(0264-5) Von I. Wolter, 112 Seiten, 18 Zeichnungen, kartoniert. ●

Trinksprüche und Festreden
(1321-3) Von L. Metzner, 144 S., 13 zweifarbige Zeichnungen, Pappband. ●●
Grußworte
für Gemeindefeiern, Vereinsjubiläen und
andere offizielle Anlässe
(4741-X) Von M. Adam, 192 S., Pappbd. ●●
Moderne Reden und Ansprachen
(4742-8) Von M. Adam, 464 Seiten,
Pappband. ●●●●
Reden zu Familienfesten
(0675-6) Von G. Georg, 112 S., kartoniert. ●
Reden im Verein
Musteransprachen für viele Gelegenheiten
(0703-5) Von G. Georg, 112 S., kartoniert. ●
Reden zum Jubiläum
Musteransprachen für viele Gelegenheiten
(0595-4) Von G. Georg, 112 S., kartoniert. ●
**Reden und Sprüche zu Grundsteinlegung,
Richtfest und Einzug**
(0598-0) Von A. Bruder, G. Georg, 96 Seiten,
kartoniert. ●
Die überzeugende Rede
Mehr Erfolg durch bessere Rhetorik
(0076-6) Von K. Wolter, G. Kunz, 96 Seiten,
kartoniert. ●
Moderne Korrespondenz
Handbuch für erfolgreiche Briefe
(4014-8) Von H. Kirst und W. Manekeller,
544 Seiten, Pappband. ●●●●
Musterbriefe
für alle Gelegenheiten.
(0231-9) Hrsg. von O. Fuhrmann, 240 Seiten,
kartoniert. ●●
Der moderne Brief
Geschäfts- und Privatkorrespondenz empfän-
gerorientiert schreiben
(1440-6) Von Dr. G. Reinert-Schneider, 112 S.,
44 s/w-Zeichn., kartoniert. ●●
Geschäftsbriefe
zeitgemäß und stilsicher
(1323-X) Von G. Briese-Neumann, 152 S.,
kartoniert. ●●
Geschäftliche Briefe
für Privatleute, Handwerker und Kaufleute
(0041-3) Von G. Briese-Neumann, ca. 120 S.,
kartoniert. ●
Einladungen texten und gestalten
(1484-8) Von R. Zey und A. Bellingen, ca. 80 S.,
kartoniert. ●
Privatbriefe
Muster für alle Gelegenheiten.
(0114-2) Von I. Wolter-Rosendorf, 112 S., kart. ●
Erfolgstips für den Schriftverkehr
Briefgestaltung · Rechtschreibung · Zeichen-
setzung · Stil. (0678-0) Von U. Schoenwald,
112 Seiten, kartoniert. ●
Behördenkorrespondenz
Musterbriefe · Anträge · Einsprüche
(0412-5) Von E. Ruge, 112 S., kartoniert. ●
Worte und Briefe der Anteilnahme
(0464-8) Von E. Ruge, M. Adam, 88 Seiten,
mit vielen Abbildungen, kartoniert. ●
Briefe zu Geburt und Taufe
Glückwünsche und Danksagungen. (0802-3)
Von H. Beitz, 96 S., 12 Zeichnungen, kart. ●
FALKEN Rechtsberater
Fallbeispiele · Musterbriefe · Gerichtsurteile
(4734-7) Hrsg. S. von Hasseln, 756 Seiten,
Pappband. ●●●●
**Alles, was man über Erziehungsgeld,
Mutterschutz, Erziehungsurlaub wissen
muß**
Das neue Recht für Eltern
(0835-X) Von K. Möcks, A. Schmitt, 144 S.,
kartoniert. ●
**Alles, was man über die nichteheliche
Lebensgemeinschaft wissen muß**
(1071-0) Von T. Drewes, 104 Seiten, 8 s/w-
Zeichnungen, kartoniert. ●●

Scheidung und Unterhalt
nach dem neuen Eherecht.
(0403-6) Von T. Drewes, 112 S., mit Kosten
und Unterhaltstabellen, kartoniert. ●●
**Alles, was man über
Eheverträge**
wissen muß
(1483-X) Von T. Münster, 128 Seiten,
kartoniert. ●●
**Alles, was man über Scheidung und
Unterhalt wissen muß**
(1264-0) Von T. Drewes, 128 Seiten,
kartoniert. ●●
Alles, was man über Renten wissen muß
Mit Rentenreformgesetz 1992
(1265-9) Von K. Möcks, A. Schmitt, 112 Seiten,
kartoniert. ●●
**Rasthaus-Ratgeber
Kinder haben keine Bremse**
Verkehrserziehung für Kinder ab 3 Jahren
(1497-X) Von H.-D. Barth, 80 S., durchgehend
vierfarbig, kartoniert. ●●
**Rasthaus-Ratgeber
Stop dem Autoklau**
Die wirksamsten Methoden gegen Autodieb-
stahl
(1485-6) Von M. Maurer, 64 Seiten, durch-
gehend vierfarbig, kartoniert. ●●
**Rasthaus-Ratgeber
Gebrauchtwagenkauf**
Auswahl · Bewertung · Kaufvertrag
(1498-8) Von U. Traub, 80 Seiten, durch-
gehend vierfarbig, kartoniert. ●●
**Wolfgang Büsers Erfolgstips
Rentenreform '92**
(1244-6) Von W. Büser, 80 S., kartoniert. ●
**Wolfgang Büsers Erfolgstips
Teilzeitarbeit**
(1266-7) Von W. Büser, 80 S., kartoniert. ●
**Wolfgang Büsers Erfolgstips
(Lohn-)Einkommensteuer '92**
Aktuell: Zinssteuer '93
(1324-8) Von W. Büser, 176 S., kartoniert. ●●
Vermögensbildung mit System
Anlageformen · Strategien · Praxistips
(1445-7) Von K. Schwanfelder, 160 Seiten,
kartoniert. ●●
**Alles, was man über
BAföG wissen muß**
(1387-6) Von A. Mengeringhausen, 144 Seiten,
kartoniert. ●●
Testament und Erbschaft
Erbfolge, Rechte und Pflichten der Erben, Erb-
schafts- und Schenkungssteuer, Mustertesta-
mente. (4139-X) Von T. Drewes, R. Hollender,
304 Seiten, Pappband. ●●●
Erbrecht und Testament
(0046-4) Von H. Wandrey, 124 S., kart. ●
**Alles, was man über Testament und Erb-
schaft wissen muß**
(0939-0) Von T. Drewes, 136 Seiten, 9 s/w-
Zeichnungen, kartoniert. ●●
Mietrecht
Leitfaden für Mieter und Vermieter
(0479-6) Von J. Beuthner, 196 S., kartoniert. ●●
Haushaltstips
praktisch und umweltfreundlich
(1046-X) Von K. Winkell, 96 Seiten, 36 Zeichnungen, kartoniert. ●
Texte für den Anrufbeantworter
(1389-2) Von G. Kunz, 80 S., 12 s/w-Zeich-
nungen, kartoniert. ●
**Alles, was man über den Umgang mit
Behörden wissen muß**
(1390-6) Von K. Möcks, A. Schmitt, 132 Seiten,
kartoniert. ●●
Wege zum Börsenerfolg
Aktien · Anleihen · Optionen
(4275-2) Von H. Krause, 252 S., 4 s/w-Fotos,
86 Zeichnungen, Pappband. ●●●●

Wörter und Unwörter
Sinniges und Unsinniges der deutschen
Gegenwartssprache
(1401-7) Hrsg. Gesellschaft für deutsche
Sprache, 176 Seiten, kartoniert. ●●●
Richtige Groß- und Kleinschreibung
durch neue, vereinfachte Regeln. Erläuterun-
gen der Zweifelsfragen anhand vieler Bei-
spiele.
(0897-X) Von Prof. Dr. Ch. Stetter, 96 Seiten,
kartoniert. ●
Gutes Deutsch schreiben und sprechen
(4432-1) Von W. Manekeller, Dr. G. Reinert-
Schneider, 416 S., durchgehend zweifarbig,
Pappband. ●●●●
Mehr Erfolg in der Schule
**Deutsche Rechtschreibung und
Grammatik**
Übungen und Beispiele für die Klassen 5–10.
(4407-0) Von K. Schreiner, 256 S., durchge-
hend zweifarbig, Pappband. ●●●●
Diktate besser schreiben
Übungen zur Rechtschreibung für die Klassen
4 bis 8
(0469-9) Von K. Schreiner, 152 S., 31 Zeich-
nungen, kartoniert. ●●
Deutsche Grammatik
Ein Lern- und Übungsbuch
(0704-3) Von K. Schreiner, 122 S., kart. ●●
Aufsätze besser schreiben
Förderkurs für die Klassen 4 – 10
(0429-X) Von K. Schreiner, 144 Seiten,
31 Abb., kartoniert. ●
Mehr Erfolg in der Schule
Der Deutschaufsatz
Übungen und Beispiele für die Klassen 5 – 10.
(4271-X) Von K. Schreiner, 240 S., 4 s/w-
Fotos, 51 Zeichnungen, Pappband. ●●●●
Mehr Erfolg in der Schule
Deutsch
Textinterpretation, Literaturgeschichte und
Stilkunde
(4483-6) Von K. Schreiner, 272 S., 43 zwei-
farbige Zeichnungen, Pappband. ●●●●
Gedächtnistraining mit Eselsbrücken
(1388-4) Von W. Ettig, 96 S., 36 s/w-Zeich-
nungen, kartoniert. ●
Geschichte
Von der Französischen Revolution bis zur
Gegenwart
(4723-1) Von K. Schreiner, 256 S., 50 s/w-
Fotos, 10 Farbzeichnungen, 6 zweifarbige
Landkarten, Pappband. ●●●●
Geographie
Natürliche Grundlagen · Gestaltung der
Umwelt · Die Staaten der Erde
(4724-X) Von V. Disch, 256 S., ca. 40 Karten
und Grafiken, Pappband. ●●●●
Mehr Erfolg in der Schule
Mathematik 1
Arithmetik und Algebra. Übungen, Beispiele
und Lösungen für die Klassen 5 bis 10.
(4420-8) Von R. Müller-Fonfara, 256 Seiten,
193 Zeichn., 2 s/w-Fotos, Pappband. ●●●●
Mehr Erfolg in der Schule
Mathematik 2
Geometrie, Statistik, Wahrscheinlichkeitsrech-
nung und kaufmännisches Rechnen
(4456-9) Von R. Müller-Fonfara, W. Scholl,
256 Seiten, 6 s/w-Fotos, 304 Zeichnungen,
Pappband. ●●●●
**Mathematische Formeln für Schule und
Beruf**
Mit Beispielen und Erklärungen.
(0499-0) Von R. Müller-Fonfara, 156 Seiten,
210 Zeichnungen, kartoniert. ●●
Schülerlexikon der Mathematik
Formeln, Übungen und Begriffserklärungen
für die Klassen 5 – 10
(0430-3) Von R. Müller-Fonfara, 176 Seiten,
96 Zeichnungen, kartoniert. ●●

Mehr Erfolg in der Schule
Mathematik 3
Analysis, analytische Geometrie und lineare
Algebra
(4541-7) Von R. Müller-Fonfara, W. Scholl,
240 Seiten, 140 zweifarbige Grafiken, Pappband. ●●●●

Mehr Erfolg in der Schule
Mathematik 4
Für die Klassen 11 bis 13
(4701-0) Von R. Müller-Fonfara, W. Scholl,
240 Seiten, 91 Zeichnungen, 3 s/w-Fotos,
Pappband. ●●●●

Mathematik-Textaufgaben leicht gelöst
Aufgaben · Lösungsstrategien · Anwendungs-
beispiele
(1022-2) Von R. Müller-Fonfara, 128 Seiten,
4 Zeichnungen, kartoniert. ●●

Rechnen aufgefrischt für Schule und Beruf.
(0100-2) Von H. Rausch, 144 S., kartoniert. ●

Besseres Englisch
Grammatik und Übungen für die Klassen
5 bis 10.
(0745-0) Von E. Henrichs, 144 S., kart. ●●

Mehr Erfolg in der Schule
Englisch
Textinterpretationen
(4518-1) Von E. Heinrichs-Kleinen, 256 S.,
Pappband. ●●●●

Mehr Erfolg in der Schule
Englische Grammatik
Regeln und Übungen für die Klassen 5 bis 13
(4431-3) Von E. Henrichs-Kleinen, 256 S.,
durchgehend zweifarbig, Pappband. ●●●●

Besseres Französisch
Grammatik und Übungen für die Klassen
9 bis 11
(1039-7) Von R. Lübke, 114 S., durchgehend
zweifarbig, kartoniert. ●●

Mehr Erfolg in der Schule
Französische Grammatik
Für die Klassen 7 bis 13
(4703-7) Von R. Lübke, ca. 256 S., durchgehend zweifarbig, Pappband. ●●●●

Schnell und sicher zum Führerschein
Tips und Tricks aus 30jähriger-Fahrlehrer-
Praxis.
(1232-2) Von O. Einert, 152 S., 156 Farbfotos,
161 z.T. farb. Zeichnungen, kartoniert. ●●

**Die aktuellen Prüfungsfragen und
Prüfungsbogen für den Führerschein
Klasse 3**
(1490-2) 104 Seiten, 371 Farbfotos, kart. ●●

Der Test-Knacker bei Führerscheinverlust
(1262-4) Von T. Rieh, 128 S., kartoniert. ●●

**Erfolgreiche Bewerbung um einen
Ausbildungsplatz**
(0715-9) Von H. Friedrich, 128 S., kartoniert. ●

Bewerbungsstrategien
Erfolgreiche Konzepte für Karrierebewußte
(1027-3) Von Dr. W. Reichel, 128 S., kart. ●●

Bewerbungsstrategien für Frauen
Karriereplanung mit System
(4455-0) Von R. Ibelgaufts, 144 Seiten,
20 Cartoons, Pappband. ●●

Die Bewerbung
Der moderne Ratgeber für Bewerbungsbriefe,
Lebenslauf und Vorstellungsgespräche.
(4138-1) Von W. Manekeller, 264 Seiten,
Pappband. ●●●

Die erfolgreiche Bewerbung
Bewerbung und Vorstellung
(0173-8) Von W. Manekeller, U. Schoenwald,
144 Seiten, kartoniert. ●●

Lebenslauf und Bewerbung
Beispiele für Inhalt, Form und Aufbau
(0428-1) Von H. Friedrich, 112 S., kartoniert. ●

Bewerbungsbriefe und Stellengesuche
Für handwerkliche, gewerblich-technische
und kaufmännische Berufe
(0138-0) Von Dr. W. Reichert, 96 S., kart. ●

**Das überzeugende
Vorstellungsgespräch**
Erfolgreiche Strategien für den ersten
Eindruck
(1261-6) Von R. Ibelgaufts, 144 S., kart. ●●

Vorstellungsgespräche
sicher und erfolgreich führen.
(0636-5) Von H. Friedrich, 144 Seiten, kart. ●

Einstellungstests und andere
Methoden der Bewerberauswahl
(1263-2) Von Dr. R. Hilke, H. Hustedt, 160 S.,
27 Zeichnungen, kartoniert. ●●

Keine Angst vor Einstellungstests
Ein Ratgeber für Bewerber.
(0793-6) Von Ch. Titze, 120 Seiten, 67 Zeichnungen, kartoniert. ●

Assessment Center
Erfolgstips und Übungen für Bewerber
(1385-X) Von H. Beitz und A. Loch, ca. 128 S.,
kartoniert. ●●

Berufsstart für Hochschulabsolventen
Erfolgsstrategien für Bewerbung und Vorstellung
(1482-1) Von Dr. W. Reichel, ca. 144 S., kart. ●●

freundin Ratgeber
**Psychoterror am Arbeitsplatz
Mobbing**
(1434-1) Von B. Huber. 160 S., kartoniert. ●●

freundin Ratgeber
Frau mit Kind
Leitfaden für Alleinerziehende
(1476-7) Von G. Teusen, ca. 144 S., kart. ●●

freundin
**Kind und Beruf:
(K)ein Problem**
(1322-1) Von I. Weber, 168 Seiten, 14 Zeichnungen, kartoniert. ●●

freundin Ratgeber
**Neu im Job:
So überzeugen Sie**
(1259-4) Von G. Teusen, 160 S., kart. ●●

Die ersten Tage am neuen Arbeitsplatz
Ratschläge für den richtigen Umgang mit
Kollegen und Vorgesetzten
(0855-4) Von H. Friedrich, 104 Seiten, kart. ●

Zeugnisse im Beruf
richtig schreiben, richtig verstehen
(0544-X) Von H. Friedrich, 112 Seiten, kart. ●

Arbeitszeugnisse
verstehen und interpretieren
(1444-9) Von A. Nasemann, 136 S., kart. ●●

So lernt man leicht und schnell
Maschinenschreiben
Lehrbuch für Schulen, Lehrgänge und Selbstunterricht. **(0568**-7) Von M. Kempkes, 112 S.,
48 Zeichnungen, kartoniert. ●●

FALKEN-Software
**Maschinenschreiben und Tastatur-
training für Computer**
(7009-8) Von B. Hoppius, Diskette 5 1/4″ u.
3 1/2″ für IBM-PC + Kompatible, mit Begleit-
heit. ●●●●●*

Leicht und schnell gelernt
Maschinenschreiben im Selbstunterricht
(0170-3) Von O. Fonfara, 88 S., kartoniert. ●

Buchführung leicht gemacht
Ein methodischer Grundkurs für den Selbst-
unterricht **(4238**-8) Von D. Machenheimer,
R. Kersten, 252 Seiten, Pappband. ●●●●

Buchführung leicht gefaßt
Für Handwerker, Gewerbetreibende und
freiberuflich Tätige.
(0127-4) Von R. Pohl, 104 S., kartoniert. ●

Stenografie leicht gelernt
im Kurus oder Selbstunterricht
(0266-1) Von H. Kaus, 64 S., kartoniert. ●

Gitarre spielen
Ein Grundkurs für den Selbstunterricht
(0534-2) Von A. Roßmann, 96 S., 1 Schall-
folie, 150 Zeichnungen, kartoniert. ●●●

FALKEN & HOHNER: Workshop Musik
Gitarre spielen
Folk, Blues, Pop, Rock auf der akustischen
Gitarre
Für Anfänger und Wiedereinsteiger
(1437-6) Von W. Ruß, ca. 80 S., Begleit-CD ca.
60 Min. Spieldauer, zahlreiche Illustrationen
und Fotos, kartoniert. ●●●●

FALKEN & HOHNER: Workshop Musik
Keyboard spielen
Pop & Rock
Für Anfänger und Wiedereinsteiger
(1435-X) Von M. Lonardoni, ca. 80 Seiten,
Begleit-CD, ca. 60 Min. Spieldauer, zahl-
reiche Illustrationen und Fotos,
kartoniert. ●●●●

FALKEN & HOHNER: Workshop Musik
Singen
In Chor, Singgruppe und solo
Für Anfänger und Wiedereinsteiger
(1436-8) Von W. Layer, ca. 80 S., Begleit-CD
ca. 60 Min. Spieldauer, zahlreiche Illustrationen und Fotos, kartoniert. ●●●●

Faszinierendes Erlebnis
Tierwelt
(4706-1) Von U. und W. Dolder, 196 Seiten,
314 Farbzeichnungen, Pappband. ●●●●

Das große Buch der
Antworten auf Kinderfragen
(4477-1) Von H. Hofmann, U. Kopp,
G. Jankovics u.a., 192 Seiten, 308 Farbzeichnungen, Pappband. ●●●

FALKEN LEXIKON
Das Wissen unserer Zeit
(4736-3) Hrsg. Lexikographisches Institut,
1008 Seiten, 681 Farbfotos, 1142 Farbzeichn.,
Pappband. ●●●●

Das neue, farbige
Jugendlexikon
(4472-0) Von J. Frey, D. Rex, 304 Seiten,
269 und 52 s/w-Fotos, 6 Farbzeichnungen,
Pappband. ●●●●

Das große farbige **Kinderlexikon**
(4195-0) Von U. Kopp, 320 S., 493 Farbabbildungen, 17 s/w-Fotos, Pappband.
●●●●

Kinder-Überraschung
(1499-6) Von M. Semmel, ca. 80 Seiten,
durchgehend vierfarbig, kartoniert. ●●

Briefmarken sammeln
(0481-8) Von D. Stein, 120 S., 4 Farbtafeln,
98 s/w-Abbildungen, kartoniert. ●

Telefonkartenlexikon für Sammler
(1406-6) Von M. Burzan, ca. 160 Seiten,
zahlreiche Farbabbildungen,
kartoniert. ●●

Telefonkarten sammeln
Serien · Preise · Sammeltips
(1326-4) Von M. Burzan, 128 S., 251 Farbabbildungen, kartoniert. ●●

Die Handschrift als Spiegel des Charakters
Graphologie
(1025-7) Von Dr. W. Busch, 104 S., 87 Schrift-
proben, kartoniert. ●●

**Familienforschung · Ahnentafel ·
Wappenkunde**
Wege zur eigenen Familienchronik
(0744-2) Von P. Bahn, 128 S., 8 Farbtafeln,
30 Abbildungen, kartoniert. ●●

Familienforschung und Wappenkunde
(4485-2) Von P. Bahn, 224 S., 114 zweifarbige Abbildungen, Pappband. ●●●●●

freundin Ratgeber
Frauen allein auf Reisen
(1260-8) Von H. Guilino, 192 S., 7 Zeichnungen, kartoniert. ●●

Brain Building
Das Supertraining für Gedächtnis, Logik,
Kreativität
(4704-5) Von M. vos Savant, 256 Seiten,
Pappband. ●●●

Traumdeutung
Die Bildersprache unserer Traumwelt entschlüsseln
(4486-0) Von G. Fink, 384 Seiten, 74 zweifarbige Fotos, Pappband. ●●●●

Kinderträume
Ein Ratgeber für Eltern
(4505-0) Von G. Fink, 176 S., 6 s/w-Zeichnungen, Pappband. ●●●

Wahrsagen
mit den Karten der Madame Lenormand
(1328-0) Von B. A. Mertz, 108 Seiten, 39 s/w-Abbildungen, kartoniert. ●●

Die 12 Tierzeichen
Chinesisches Horoskop
(0423-0) Von G. Haddenbach, 88 Seiten, kartoniert. ●

Partnerschaftshoroskop
Glück und Harmonie mit Ihrem Traumpartner.
(0587-3) Von G. Haddenbach, 112 Seiten, 11 Zeichnungen, kartoniert. ●

Im Zeichen der Sterne
(0951-8) Der feurige Widder
(0952-6) Der willensstarke Stier
(0953-4) Die vielseitigen Zwillinge
(0954-2) Der feinfühlige Krebs
(0955-0) Der königliche Löwe
(0956-9) Die zuverlässige Jungfrau
(0957-7) Die charmante Waage
(0958-5) Der leidenschaftliche Skorpion
(0959-3) Der temperamentvolle Schütze
(0960-7) Der treue Steinbock
(0961-5) Der selbstbewußte Wassermann
(0962-3) Die romantischen Fische
Von G. Haddenbach, 64 Seiten, 35 Farbfotos, Pappband. ●

Das neue FALKEN
Computerlexikon
(4356-2) Von Dr. B. Kopp, 336 S., 121 s/w-Fotos, 184 Computergrafiken, Pappbd. ●●●●

Computer-Grundwissen
Eine Einführung in Funktion und Einsatzmöglichkeiten
(4359-7) Von Chr. T. Wolff, 176 S., 182 Farbfotos, kartoniert.●●●●
(4358-9) Pappband.●●●●

Der PC
(4732-0) Von U. u. H. Freund, 336 Seiten, 386 Farbfotos, Pappband. ●●●●●

freundin
Das Computerbuch für Frauen
(4372-4) Von M. Thiel, 176 S., 102 Farbfotos, 73 Zeichnungen, Pappband. ●●●●

Desktop Publishing: Typografie und Layout Seiten gestalten am PC · für Einsteiger und Profis
(4330-9) Von Dr. H. D. Baumann, M. Klein, 320 S., zahlreiche zweifarbige Abbildungen, Pappband.●●●●

PC HELP!
Wissenschaftliche Texte mit Word 5.5
(4360-0) Von P. Vogel, 80 S., 34 zweifarbige Screenshots, kartoniert. ●●

PC HELP!
**Praktische Computernutzung
mit Works 2.0**
(4369-4) Von A. Görgens, 72 Seiten, 64 zweifarbige Screenshots, kartoniert. ●●

PC HELP!
DFÜ mit dem PC
(4370-8) Von M. Hofmann, 88 Seiten, 41 zweifarbige Screenshots, kartoniert. ●●

PC HELP!
Zeichnen mit dem PC
(4361-9) Von M. Hofmann, 88 S., 57 zweifarbige Screenshots, kartoniert. ●●

PC HELP!
Präsentation mit dem PC
(4368-6) Von M. Hofmann, 96 S., 47 zweifarbige screenshots, kartoniert. ●●

PC HELP!
CONFIG. SYS. und AUTOEXEC. BAT
Optimale Systemkonfiguration
(4338-4) Von A. Görgens, 64 S., ca. 50 s/w-Abbildungen und Grafiken, kartoniert. ●●

PC HELP!
DOS-Kommandos richtig nutzen
(4339-2) Von A. Görgens, 64 S., ca. 50 s/w-Abbildungen und Grafiken, kartoniert. ●●

PC HELP!
Die ersten Schritte mit dem PC
(4344-9) Von P. Vogel, H. Ebsen, 64 S., ca. 50 s/w-Abb. und Grafiken, kartoniert. ●●

PC HELP!
Mehr Speicher unter DOS nutzen
(4345-7) Von K. O. Kuhl, 64 S., ca. 50 s/w-Abbildungen und Grafiken, kartoniert. ●●

PC HELP!
Viren erkennen und beseitigen
(4346-5) Von M. Hofmann, 64 S., ca. 50 s/w-Abbildungen und Grafiken, kartoniert. ●●

DTP-Lexikon für die Praxis
(4373-2) 136 S., 55 s/w-Fotos, kart. ●●●

Gestalten mit Pagemaker für Windows
(4375-9) Von M. Hofmann, R. Titius, 116 S., 53 zweifbg. screenshots, kartoniert. ●●●

Präsentationsprogramme richtig nutzen
(4376-7) Von M. Hofmann, 96 S., 60 zweifarbige screenshots, kartoniert. ●●

Datenaustausch 1
(4378-3) Von M. Hofmann, 104 Seiten, 63 zweifarbig, screenshots, kartoniert. ●●

Datenaustausch 2
(4379-1) Von M. Hofmann, 96 S., 34 zweifarbige screenshots, kartoniert. ●●

Update
MS-DOS 6.0
Beilage: Kurzreferenz
(4385-6) Von M. Hofmann, 136 S., 55 s/w-Fotos, kartoniert. ●●●

PC-Pannen selbst beheben
Hardware · Software
(4383-X) Von M. Hofmann, 144 S., kart. ●●●

Windows für Workgroups
(4381-3) Von P. Vogel, 80 S., 40 Screenshots, kartoniert. ●●

Essen und Trinken

Rezepte für 1 Person
(1294-2) Hrsg. M. Sauerborn, 64 S., 75 Farbfotos, kartoniert. ●

Schnell und individuell
Die raffinierte Single-Küche
(4266-3) Von F. Faist, 160 S., 151 Farbfotos, Pappband. ●●●

Frischer Fang aus Fluß und Meer
Fisch
(0964-X) Von L. Grieser, 48 S., 52 Farbfotos, Pappband. ●●

Fischgerichte
(1448-1) Hrsg.: S. Koch, 64 S., ca. 50 Farbfotos, kartoniert. ●

Zart und edel
Lachs
(1403-1) Von H. Imhof, 64 S., 49 Farbfotos, Pappband. ●●

Geflügelgerichte
(1348-5) Hrsg. E. Meyer zu Stieghorst, 64 S., 71 Farbfotos, kartoniert. ●

Gaumenfreuden Tag für Tag
Pfannengerichte
(1007-9) Von S. Fabke, 64 S., 54 Farbfotos, Pappband. ●●

Köstliches für Genießer
Fleischgerichte
(4699-5) Von F. Stein, 144 S., ca. 100 Farbfotos, gebunden. ●●●

Schnitzel, Steaks & Co.
(1417-1) Von N. Frank, 64 Seiten, 68 Farbfotos, kartoniert. ●

Köstliches aus dem Tontopf
(1332-9) Hrsg. S. Kieslich, 64 Seiten, 55 Farbfotos, kartoniert. ●

Suppen und Eintöpfe
(1449-X) Hrsg.: S. Koch, 64 S., ca. 50 Farbfotos, kartoniert. ●

Aus eigener Küche
Gute Wurst
(0948-1) Von J. Bessel, G. Quaas, 80 Seiten, 8 Farbtafeln, kartoniert. ●

Aus lauter Lust und Liebe
Knoblauch
(0867-8) Von L. Reinirkens, 64 S., 45 Farbfotos, Pappband. ●

Bintje, Irmgard und Sieglinde
Kartoffeln
(1032-X) Von S. Fabke, 64 S., 43 Farb- und 1 s/w-Foto, Pappband. ●

Kartoffelgerichte
(1297-7) Hrsg. I. Feldhaus, 64 S., 64 Farbfotos, kartoniert. ●

Nudelgerichte
(1293-4) Hrsg. E. Fuhrmann, 64 S., 66 Farbfotos, kartoniert. ●

Pasta in Höchstform
Nudeln
(0884-8) Von M. Kirsch, 64 S., 62 Farbfotos, Pappband. ●

Spezialitäten unter knuspriger Decke
Aufläufe
(0882-1) Von C. Adam, 48 S., 33 Farbfotos, Pappband. ●●

Aufläufe
(1295-0) Hrsg. E. Fuhrmann, 64 S., 62 Farbfotos, kartoniert. ●

Die Krönung der feinen Küche
Saucen
(0817-1) Von G. Cavestri, 48 S., 40 Farbfotos, Pappband. ●●

Gemüsegerichte
(1347-7) Hrsg. E. Fuhrmann, 64 S., 58 Farbfotos, kartoniert. ●

Gemüseaufläufe
(1365-5) Hrsg. E. Fuhrmann, 64 S., 58 Farbfotos, kartoniert. ●

Die schönsten Rezepte für
Frühstück und Brunch
(1063-X) Von K. Kruse-Schorling, 80 Seiten, 8 Farbtafeln, kartoniert. ●

Schnelle Küche
Für 2 Personen
(4718-5) freundin-Kochstudio, 80 Seiten, 105 Farbf., Pappband. ●●

Kochen auf der richtigen Welle im
Grill-Mikrowellengerät
(1395-7) Von T. Peters, 96 S., 79 Farbfotos, kartoniert. ●●

Fritieren
(1350-7) Hrsg. I.Teitge, 64 S., 62 Farbf., kart. ●

Schnell auf den Tisch gezaubert
Kochen mit Mikrowellen
(0818-X) Von A. Danner, 64 S., 52 Farbfotos, Pappband. ●●

Italienische Vorspeisen **Antipasti**
(1006-0) Von S. Reiter-Westphal, 64 Seiten, 47 Farbfotos, Pappband. ●●

Mexikanische Küche
(1439-2) Von C. Zingerling, 64 S., ca. 50 Farbfotos, kartoniert. ●

Italienische Küche
(1299-3) Hrsg. E. Fuhrmann, 64 S., 65 Farbfotos, kartoniert. ●

Schlemmerreise durch die
Italienische Küche
(4172-1) Von V. Pifferi, 160 S., 109 Farbfotos, Pappband. ●●●

Spaghetti, Tagliatelle + Co.
Pasta all'Italiana
(1004-4) Von I. Seyric, 64 S., 57 Farbfotos, Pappband. ●●

Pizza
(1352-3) Hrsg. M. Sauerborn, 64 S., 72 Farbfotos, kartoniert. ●

Tradition mit Charme
Wiener Spezialitäten
(1343-4) Von G. Scolik, 64 S., 46 Farbfotos, Pappband. ●●

Schlemmerreise durch die
Französische Küche
(4296-5) Von H. Imhof, 160 S., 147 Farbfotos, 3 s/w-Fotos, Pappband. ●●●●

Schlemmerreise durch die
Spanische Küche
(4500-X) Von A. Puente, 160 S., ca. 120 Farbfotos, Pappband. ●●●●

Vom Bosporus zum Ararat
Türkische Spezialitäten
(1191-1) Von S. Dogan, 64 S., 44 Farbfotos, Pappband.●●

Indische Küche
(1404-X) Von C. Zingerling, 64 S., 64 Farbfotos, kartoniert. ●

Schlemmerreise durch die
Thailändische Küche
(4722-3) Von C. Zingerling, 144 Seiten, 164 Farbfotos, Pappband. ●●●●

Köstlich fernöstlich
Asiatische Spezialitäten
(1286-1) Von M. Carroll, E. Mognol, 64 S., 49 Farbfotos, Pappband. ●●

Chinesische Küche
(1289-6) Hrsg. M. Sauerborn, 64 S., 73 Farbfotos, kartoniert. ●

Schlemmerreise durch die
Chinesische Küche
(4184-5) Von K. H. Jen, 160 S., 117 Farbfotos, Pappband. ●●●

Gerichte aus dem
Wok
(1291-8) Hrsg. M. Sauerborn, 64 S., 76 Farbfotos, kartoniert. ●

Mit Lust und Liebe **Chinesisch Kochen**
(4441-0) Von Ho Fu-Lung, Uli Franz, 176 Seiten, 189 Farbfotos, 29 Zeichnungen, Pappband. ●●●●

Fernöstliche Küche
(1384-1) Hrsg. R. Faller, 64 S., 73 Farbfotos, kartoniert. ●

Rezepte für Tisch- und Gartengrill
(1351-3) Hrsg. V. Müller, 64 S., 59 Farbfotos, kartoniert. ●

Braten auf dem heißen Stein
(1300-0) Hrsg. R. Donhauser, 64 S., 56 Farbfotos, kartoniert. ●

Rezepte rund um Raclette und Doppeldecker
(0420-6) Von J.W. Hochscheid, 72 S., 8 Farbtafeln, kartoniert. ●

Schlemmen in geselliger Runde
Fleischfondues
(0966-6) Von M. Spötter, 64 S., 62 Farbfotos, Pappband. ●●

Fondues und Raclettes
(4253-1) Von F. Faist, 160 S., 125 Farbfotos, Pappband. ●●●●

Fondues
(1298-5) Hrsg. E. Meyer zu Stieghorst, 64 S., 69 Farbfotos, kartoniert. ●

Rezepte fürs Raclette
(1290-X) Hrsg. S. Kieslich, 64 Seiten, 59 Farbfotos, kartoniert. ●

Raclette-Spezialitäten
(0881-3) Von F. Faist, 48 S., 33 Farbfotos, Pappband. ●

Knackige Salate
(1441-4) Hrsg.: S. Kieslich, 64 S., ca. 50 Farbfotos, kartoniert. ●

Gartenfrisch genießen
Feine Salate
(4450-X) Von P. Nikolay, 160 S., 122 Farbfotos, Pappband. ●●●●

Köstliche Salate
zum Verwöhnen
(0222-X) Von Chr. Schönherr, 96 S., 8 Farbtafeln, 30 Zeichnungen, kartoniert. ●

Salate
(1346-9) Hrsg. E. Furhmann, 64 S., 62 Farbfotos, kartoniert. ●

Frisch und leicht als Hauptgericht
Schlemmersalate
(0934-8) Von C. Adam, 64 S., 49 Farbfotos, Pappband. ●●

Gesund und vielseitig **Alles mit Joghurt**
täglich selbstgemacht, mit vielen Rezepten
(0382-6) Von G. Volz, 64 S., 8 Farbtafeln, kartoniert. ●

Marmeladen, Gelees und Kompotte
(1442-2) Hrsg.: F. Stein, 64 S., ca. 50 Farbfotos, kartoniert. ●

Gesunde Ernährung für mein Kind
(0776-6) Von M. Bustorf-Hirsch, 112 Seiten, 8 Farbtafeln, 5 s/w-Zeichnungen, kartoniert. ●

EBschule
Gesunde Ernährung für Kinder im Grundschulalter
(1314-0) Von A. Roßmeier, 80 Seiten, 44 farbige Vignetten, Pappband. ●●

Lieblingsgerichte für Kinder
Mit Sonderteil: Gesunde Kost für Babys ab 6 Monaten
(4497-6) Von G. Righi-Spanfellner, 112 S., 27 Farbzeichnungen, Pappband. ●●●

Das essen Kinder gern
(1405-8) Hrsg. S. Faust, 64 S., 80 Farbfotos, kartoniert. ●

Mit Lust und Liebe . . .
Vollwertküche für Genießer
(4412-4) Von Prof. Dr. C. Leitzmann, H. Million, 256 Seiten, 329 Farbfotos, Pappband. ●●●●

Vegetarisch kochen und genießen
Alle Gerichte für 2 Personen
(4715-0) Von Prof. Dr. C. Leitzmann, K. Dittrich, C. u. G. Kurz, 128 S., 132 Farbfotos, Pappband. ●●●●

Das große FALKEN
Vitaminkochbuch
für Genießer
(4714-2) Von Prof. Dr. troph. M. Hamm, A. Roßmeier, 208 S., 224 Farbfotos, Pappband. ●●●●

Schmackhafte Vollwertkost ohne tierisches Eiweiß
(0993-3) Von M. Bustorf-Hirsch, 96 Seiten, 54 Farbfotos, kartoniert. ●●

Cholesterinarm kochen und genießen
(4442-9) Von R. Unsorg, 168 S., 132 Farbfotos, kartoniert. ●●●●

Die aktuelle **Cholesterintabelle**
(1088-5) Von Dr. H. Oberritter, 84 Seiten, 12 zweifarbige Grafiken, kartoniert. ●

Die aktuelle Vitamin- und Mineralstofftabelle
Mit Angaben zu den wichtigsten Vitaminen und Mineralstoffen
(1110-5) Von Dr. H. Oberritter, 88 Seiten, 1 zweifarbige Grafik, kartoniert. ●

Die aktuelle E-Zusatzstoff-Tabelle
Über 750 Angaben zu Herkunft, Verwendung und möglichen Nebenwirkungen
(1233-0) Von T. Pilgram, E.Dahl, 80 Seiten, zweifarbig, kartoniert. ●

Vollwertküche für Diabetiker
Köstlich kochen und backen für die ganze Familie
(4473-9) Von Prof. Dr. C. Leitzmann, Prof. Dr. H. Laube, H. Million, 168 S., 172 Farbfotos, 8 Zeichnungen, Pappband. ●●●●

Kochen und backen für Diabetiker
Gesund und schmackhaft für die ganze Familie
(4467-4) Von Dr. med. M. Toeller, W. Schumacher, A. Groote, Dr. troph. A. Klischan, 176 S., 182 Farbfotos, Pappband. ●●●●

Die Sojaküche
Gesund und abwechslungsreich essen
(0553-9) Von U. Kolster, 80 S., 8 Farbtafeln, kartoniert. ●

Gesund kochen mit Keimen und Sprossen
(0794-9) Von M. Bustorf-Hirsch, 96 S., 4 Farbtafeln, 13 s/w-Zeichnungen, kartoniert. ●

Waffeln
Hörnchen, Pfannkuchen und Crêpes.
(0522-9) Von C. Stephan, 64 S., 8 Farbtafeln, kartoniert. ●

Waffeln
(1296-9) Hrsg. L. Steiger, 64 S., 73 Farbfotos, kartoniert. ●

Fruchtige Pfannkuchen und Crêpes
(1446-5) Von S. Fabke, 64 S., ca. 50 Farbfotos, kartoniert. ●

Mehr Freude und Erfolg beim
Brotbacken
(4148-9) Von A. und G. Eckert, 160 Seiten, 177 Farbfotos, Pappband. ●●●●

Meine Vollkornbackstube
Brot · Kuchen · Aufläufe. (0616-0) Von R. Raffelt, 96 S., 4 Farbtafeln, 12 Zeichnungen, kartoniert. ●

Mit Honig, Nuß und Mandelkern
Weihnachtsplätzchen
(1287-X) Von H. Jaacks, 64 S., 48 Farbfotos, Pappband. ●●

Backen ohne Zucker
(1234-9) Von H. Erkelenz, 80 S., 8 Farbtafeln, kartoniert. ●

Süße Geheimnisse eiskalt gelüftet
Eis und Sorbets
(0870-8) Von H. W. Liebheit, 48 S., 38 Farbfotos, Pappband. ●●

Haltbarmachen in der Öko-Küche
Gesunde Konservierungsmethoden für Obst, Gemüse, Kräuter und Pilze. (0923-2) Von M. Bustorf-Hirsch, 120 S., 92 Farbabbildungen, kartoniert. ●●

Komm, koch und back mit mir
Kunterbuntes Kochvergnügen für Kinder.
(4285-X) Von S. und H. Theilig, illustriert von B. v. Hayek, 112 S., 45 Farbabbildungen, Pappband. ●●

Lieblingsgerichte für Kinder
Kerngesund und kunterbunt
(4497-6) Von G. Righi-Spanfellner, 112 Seiten, 27 Farbzeichnungen, Pappband. ●●●

Lirum, larum, Löffelstiel . . .
Kinder kochen mit Knuddel
(1094-X) Von U. Bültjer, 80 S., 27 zweifarbige Zeichnungen, kartoniert. ●

Backe, backe Kuchen . . .
Kinder backen mit Knuddel
(1301-9) Von U. Bültjer, 64 S., 34 Farbfotos, 60 Farbzeichn., kartoniert. ●

Mit Lust und Liebe
Garnieren und Verzieren
Dekoratives zu vielen Anlässen
(4496-9) Von K. Wilkner, E. Pratsch, H. Krieg, 160 Seiten, ca. 100 Farbfotos, Pappband. ●●●

Mit Lust und Liebe **Kalte Platten & Buffets**
Anrichten und Garnieren
(4427-5) Von P. Grotz, 176 S., 228 Farbfotos, Pappband. ●●●●

9

Köstliches ganz leicht gezaubert
Raffinierte Rezepte rund um den Stabmixer
(**1453**-8) Von U. Kochendörfer, 96 Seiten, 84 Farbfotos, kartoniert. ●●

Garnieren und Verzieren
(**4236**-1) Von R. Biller, 160 S., 329 Farbfotos, 57 Zeichnungen, Pappband. ●●●●

Köstlichkeiten für Gäste und Feste
Kalte Platten
(**4200**-0) Von I. Pfliegner, 160 S., 130 Farbfotos, Pappband. ●●●●

Sandwich, Toasts & Co.
(**1331**-0) Von F. Faist, 64 Seiten, 62 Farbfotos, kartoniert. ●

Quiches, Tartes
und andere pikante Kuchen
(**1407**-4) Hrsg. I. Teitge, 64 S., 70 Farbf., kart. ●

freundin
Snacks
(**4521**-2) Von V. Müller, 80 S., 87 Farbfotos, Pappband. ●●●

Kochen und backen mit Käse
(**1451**-1) Hrsg.: F. Stein, 64 S., ca. 50 Farbfotos, kartoniert. ●

Raffiniert kombiniert, schön dekoriert
Käseplatten
(**1192**-X) Von S. Carlsson, 64 S., 57 Farbfotos, Pappband. ●●●

FALKEN
Festival der schön gedeckten Tische
(**4738**-X) Von A. F. Endress, 204 S., 116 Farbfotos, 83 Farbzeichnungen, Pappbd. ●●●●

Der perfekt gedeckte Tisch
(**1028**-1) Von H. Tapper, 80 S., 161 Farbfotos, 13 Zeichnungen, kartoniert. ●●

Der schön gedeckte Tisch
Vom einfachen Gedeck bis zur Festtafel stimmungsvoll und perfekt arrangiert.
(**4246**-1) Von H. Tapper, 112 S., 206 Farbfotos, 21 s/w-Abbildungen, Pappband. ●●●

Servietten falten
80 Ideen für schön gedeckte Tische
(**1042**-7) Von M. Müller, O. Mikolasek, 80 S., 289 Farbfotos, 50 Zeichnungen, kart. ●●

Phantasievolle Tischdekorationen selber machen
(**0984**-4) Von Y. Thalheim, H. Nadolny, 80 S., 174 Farbfotos, 21 Zeichnungen, kart. ●●

Servietten dekorativ falten
Geschmackvolle Anregungen aus Stoff und Papier. (**0804**-X) Von H. Tapper, 32 Seiten, 134 Farbfotos, Pappband. ●

Weine und Säfte, Liköre und Sekt
selbstgemacht.
(**0702**-7) Von P. Arauner, 232 S., 76 Abb., kartoniert. ●●●

Was Weinfreunde wissen wollen
Fragen und Antworten rund um den Wein
(**1224**-1) Von Prof. Dr. K. Röder, H.-G. Dörr, ca. 224 Seiten, kartoniert. ●●

FALKEN Mixbuch
(**4733**-9) Hrsg. P. Bohrmann, 560 Seiten, 227 Farbfotos, Pappband. ●●●●

Vitamindrinks
(**1408**-2) Von H. Reith, W. Hubert, 64 Seiten, 68 Farbfotos, kartoniert. ●

Köstlich, cremig, sahnig, frisch
Mixen mit Milch
(**1151**-2) Von S. Carlsson, 64 S., 45 Farbfotos, Pappband.●

Milchmixgetränke
(**1450**-3) Von S. Carlsson, 64 S., ca. 50 Farbfotos, kartoniert. ●

Cocktails und Drinks
(**1292**-6) Hrsg. K. Kieslich, 64 S., 70 Farbfotos, kartoniert. ●

Bowlen und Punsche
(**1447**-3) Hrsg.: F. Brandl, 64 S., ca. 50 Farbfotos, kartoniert. ●

Fruchtig, spritzig, eisgekühlt
Mixen ohne Alkohol
(**0935**-6) Von S. Späth, 64 S., 44 Farbfotos, Pappband. ●●

Longdrinks
(**1345**-0) Hrsg. E. Meyer zu Stieghorst, 64 S., 79 Farbfotos, kartoniert. ●

Light Drinks
Mixen mit und ohne Alkohol
(**1222**-5) Von S. Edelberg, Heike Reith, 64 S., 48 Farbfotos, Pappband. ●●

Cocktails
(**4267**-1) Von W. R. Hoffmann, W. Hubert, U. Lottring, 160 S., 164 Farbfotos, 1 s/w-Foto, Pappband. ●●●●

Cocktails und Mixereien
für häusliche Feste und Feiern. (**0075**-8) Von J. Walker, 96 S., 4 Farbtafeln, kartoniert. ●

Das Fitmacher-Kochbuch
(**4698**-7) Von Prof. Dr. troph. M. Hamm, 112 S., ca. 100 Farbfotos, gebunden. ●●●

Schlank und gesund nach Dr. Hay
Schnelle Trennkostküche
(**4746**-0) Von H. Harper, 80 S., ca. 80 Farbfotos, kartoniert. ●●

Schlank werden nach Dr. Hay **Trennkost**
Die bewährten Vollwert-Rezepte von Ursula Summ. (**4298**-1) Von U. Summ, 96 Seiten, 54 Farbfotos, 1 Zeichnung, kartoniert. ●●

Das große Buch der Trennkost
Neue Rezepte von Ursula Summ
(**4498**-4) Von U. Summ, 144 S., ca. 100 Farbfotos, Pappband. ●●●

Gesund leben nach Dr. Hay
Cholesterinarme Trennkost
Neue Vollwert-Rezepte von Ursula Summ
(**4475**-5) Von U. Summ, 96 Seiten, 52 Farbfotos, kartoniert. ●●

Die neue Trennkost
(**4685**-5) Von U. Summ, 96 Seiten, 71 Farbfotos, kartoniert. ●●

Das kleine 1 x 1 der Trennkost
(**1428**-7) Von S. Carlsson, 64 S., ca. 50 Farbfotos, kartoniert. ●

Schlank nach Maß
mit der Diät-Computerwaage
(**1064**-8) Von K. Alisch, 104 S., 4 Farbtafeln, kartoniert. ●

Gesundes Essen für Berufstätige
Die 4-Wochen-Vollwertkur (**1065**-6) Von M. Weber, ca. 80 S., 8 Farbtafeln, kart. ●

Garten

FALKEN Gartenjahr
(**4730**-4) Von K. Greiner, A. Weber, P. Michaeli-Achmühle, 320 Seiten, 380 Farbabbildungen, Pappband. ●●●●

Garten heute
Der moderne Ratgeber · Über 1000 Farbbilder. (**4283**-3) Von H. Jantra, 384 S., über 1000 Farbabbildungen, Pappband. ●●●●

Helmut Jantras Gartenbuch
Obst · Gemüse · Blumen
(**4522**-0) Von H. Jantra, 200 S., 395 Farbfotos, 123 Farbzeichnungen, 25 Tabellen, Pappband. ●

1000 ganz bewährte Garten-Tips
(**4453**-4) Von H. Jantra, 320 S., 288 zweifbg. und 62 s/w-Zeichn., Pappband. ●●●

Obst, Gemüse, Blumen, Gras
Gärtnern macht den Kindern Spaß
(**4517**-4) Von U. Krüger, 96 S., 85 Farbfotos, 180 Farbzeichnungen, Pappband. ●●

Rosen
(**4692**-8) Von H. Steinhauer, ca. 144 S., zahlr. Farbabbildungen Pappband. ●●●●●

Rosen
Auswahl · Pflege · Gestaltung
(**1183**-0) Von H. Jantra, 120 S., 200 Farbfotos, 20 Farbzeichnungen, 8 Bepflanzungspläne, kartoniert. ●●

Bunte Pracht der Stauden
Auswahl · Pflege · Gestaltung
(**1376**-0) Von H. Jantra, 112 S., 167 Farbabbildungen, kartoniert. ●●

Erfolgstips für den Obstgarten
Gesunde Früchte durch richtige Sortenwahl und Pflege
(**0827**-9) Von F. Mühl, 184 S., 16 Farbtafeln, 33 Zeichnungen, kartoniert. ●●

Erfolgstips für den Gemüsegarten
Mit naturgemäßem Anbau zu höherem Ertrag. (**0674**-8) Von F. Mühl, 80 Seiten, 30 s/w-Fotos, 4 Zeichnungen, kartoniert. ●●

Obstgehölze sachgemäß schneiden
(**1127**-X) Von P. G. Wilhelm, 136 Seiten, 8 s/w-Abb., 367 Farbzeichn., kart.●●

Kompost im Hausgarten
herstellen und anwenden
(**1258**-6) Von H. Abels, J. Jöstingmeier, ca. 30 zweifarbige Zeichnungen, kart. ●

Der naturgemäße Zier- und Wohngarten
Anlegen · Gestalten · Pflegen
(**0748**-5) Von I. Gabriel, 128 S., 72 Farbfotos, 46 Farbzeichnungen, kartoniert. ●●

Natürlich gärtnern unter Glas und Folie
Anbauen und ernten rund ums Jahr
(**0722**-1) Von I. Gabriel, 128 S., 62 Farbfotos, 45 Farbzeichnungen, kartoniert. ●●

Nützliche Tiere im Garten
(**1472**-4) Von I. Polaschek, ca. 112 Seiten, ca. 120 Farbf., ca. 10 Farbzeichn., kartoniert. ●●

Schneckenbekämpfung
giftfrei und naturgemäß
(**1378**-7) Von B. Meyer, Y. Thalheim, 64 S., 25 s/w-Zeichnungen, 8 Farbtafeln, kart. ●●

Dekorative Kübelpflanzen
Auswahl und Pflege
(**1074**-5) Von H. Jantra, 112 S., 180 Farbfotos, 35 Farbzeichnungen, kartoniert. ●●

Blütenpracht auf Balkon und Terrasse
(**0928**-3) Von M. Haberer, 88 S., 139 Farbfotos, kartoniert. ●●

Moderne Gartengestaltung
(**1255**-1) Von K. Greiner, A. Weber, 128 S., mit Rasterbogen und Planelementen zum Ausschneiden, ca. 120 Farbfotos, ca. 20 vierfarbige Pläne, kartoniert. ●●●

Gestaltungsideen für
Schöne Gärten
(**4482**-8) Von H. Jantra, 168 S., 309 Farbfotos, 3 s/w-Fotos, Pappband. ●●●●●

Der pflegeleichte Hausgarten
(**1170**-9) Von H. Jantra, 112 S., vierfarbige Abbildungen, kartoniert. ●●

Schöne Kräutergärten
(**1256**-X) Von H. Jantra, 112 S., vierfarbige Abbildungen, kartoniert. ●●

Kleingärten
Planen · Anlegen · Pflegen
(**1015**-X) Von H. Jantra, 88 S., 123 Farbfotos, 1 s/w-Foto, 14 Farbzeichnungen, , kart. ●●

Reihenhausgärten
Planen · Anlegen · Pflegen
(**1016**-8) Von H. Jantra, 104 S., 134 Farbfotos, 45 Farbzeichnungen, kartoniert. ●●

Kletterpflanzen
Mit Sonderteil Dachbegrünung
(**4546**-8) Von U. Mehl, K. Werk, 128 S., ca. 150 Farbfotos, farbige und s/w-Zeichnungen, Pappband. ●●●●

Steingärten Wirkungsvoll gestalten und sachgerecht pflegen
(**4452**-6) Von A. Throll-Keller, 128 Seiten, 203 Farbfotos, 56 Farbzeichnungen, Pappband. ●●●●

Gartenteiche, Tümpel und Weiher
naturnah anlegen und pflegen
(**1073**-7) Von Dr. F. Liedl, H. Goos, 80 Seiten,
87 Farbfotos, 39 Farbzeichnungen, kart. ●●

Wasser im Garten
Von der Vogeltränke zum Naturteich ·
Natürliche Lebensräume selbst gestalten.
(**4230**-2) Von H. Hendel, P. Keßeler, 240 S.,
315 Farbabb., 11 s/w-Fotos, Pappband.
●●●●●

Pflanzen und Tiere für den Gartenteich
(**1171**-7) Von W. Costa, 128 S., 169 Farbfotos,
40 Farbzeichnungen, 8 Bepflanzungspläne,
kartoniert. ●●

Gestaltungsideen für den Wohngarten
Sitzplätze, Terrassen, Höfe und andere grüne
Räume
(**4751**-7) Von H. Jantra, ca. 120 Seiten,
ca. 100 Farbfotos und -zeichnungen,
gebunden. ●●●●

Wintergärten
Das Erlebnis, mit der Natur zu wohnen.
Planen, Bauen und Gestalten.
(**4256**-6) Von LOG ID, 136 S., 130 Farbfotos,
107 Zeichnungen, Pappband. ●●●●●

Rund ums Jahr erfolgreich gärtnern
Gewächshäuser
planen · bauen · einrichten · nutzen
(**4408**-9) Von Dr. G. Schoser, J. Wolff, 232 S.,
368 Farbabb., 5 s/w-Fotos, Pappbd. ●●●●

Das moderne Handbuch **Zimmerpflanzen**
(**4416**-X) Von H. Jantra, 304 S., 766 Farbfotos,
64 Farb- und 19 s/w-Zeichnungen,
Pappband. ●●●●

365 Erfolgstips für schöne Zimmerpflanzen
(**0893**-7) Von H. Jantra, 144 S., 215 Farbfotos,
kartoniert. ●●

Dekorative Blattpflanzen
Auswahl und Pflege
(**1128**-8) Von H. Jantra, 128 S., 198 Farbfotos,
20 Farbzeichnungen, kartoniert. ●●

Arbeitskalender für Zimmergärtner
(**1473**-2) Von H. Jantra, 112 Seiten, ca. 120
Farbfotos, kartoniert. ●●

Prof. Stelzers grüne Sprechstunde
Gesunde Zimmerpflanzen
Krankheiten erkennen und behandeln.
Mit neuem Diagnosesystem.
(**4274**-4) Von Prof. Dr. G. Stelzer, 192 Seiten,
410 Farbfotos, 10 s/w-Zeichnungen,
Pappband. ●●●●

Hydrokultur
Pflanzen ohne Erde – mühelos gepflegt.
(**0944**-5) Von H.-A. Rotter, 144 S., 167 Farbfotos, 13 Farbzeichnungen, kartoniert. ●●

Gesunde Pflanzen in Hydrokultur
(**1257**-8) Von H.-A. Rotter, 80 Seiten,
ca. 60 s/w-Zeichnungen, 8 Farbtafeln,
kartoniert. ●●

Bonsai Japanische Miniaturbäume und
Miniaturlandschaften. Anzucht, Gestaltung
und Pflege.
(**4091**-1) Von B. Lesniewicz, 160 S., 106 Farbfotos, 46 s/w-Fotos, 115 Zeichnungen,
gebunden. ●●●●●

Kakteen
Auswahl · Pflege · Vermehrung
(**1429**-5) Von G. Andersohn, ca. 120 S., zahlr.
Farbabbildungen, kartoniert. ●●●

Tiere

Grzimek Juniors **BUNTE TIERWELT**
(**4295**-7) Von Chr. Grzimek, 208 S., 308 Farbfotos, Pappband. ●●●●

Hunde
Rassen · Ausbildung · Pflege · Zucht
(**4118**-7) Von H. Bielfeld, 192 S., 222 Farbund 73 s/w-Abb., Pappband. ●●●●

Das neue Hundebuch
Rassen · Aufzucht · Pflege (**0009**-X) Von W.
Busack, überarbeitet von Dr. med. vet. A. H.
Hacker und H. Bielfeld, 112 S., 8 Farbtafeln,
27 s/w-Fotos, 6 Zeichnungen, kartoniert. ●

Alles über Dackel, Teckel und Dachshunde
(**1079**-6) Von M. Wein-Gysae, 80 Seiten,
46 Farbfotos, 2 zweifarbige Zeichnungen,
kartoniert. ●●

Hundeausbildung
Verhalten · Gehorsam · Ausbildung
(**0346**-3) Von R. Menzel, 88 S., 26 Fotos,
kartoniert. ●

Grundausbildung für Gebrauchshunde
Schäferhund, Boxer, Rottweiler, Dobermann,
Riesenschnauzer, Airedaleterrier, Hovawart
und Bouvier.
(**0801**-5) Von M. Schmidt und W. Koch. 104 S.,
8 Farbtafeln, 51 s/w-Fotos, 5 s/w-Zeichnungen, kartoniert. ●

Der Hund in der Familie
(**1014**-1) Von J. Werner, 128 S., 106 Farbfotos,
kartoniert. ●●

Der Deutsche Schäferhund
(**1091**-5) Von U. Förster, 112 S., 47 Farbzeichnungen, 2 s/w-Fotos, kartoniert. ●●

Der Deutsche Schäferhund
Aufzucht · Pflege und Ausbildung
(**0073**-1) Von A. Hacker, 104 S., 56 Abb., kart. ●

Alles über junge Hunde
(**0863**-5) Von Dr. med. vet. E. M. Bartenschlager, 64 S., 49 Farbfotos, 6 Zeichnungen,
kartoniert. ●

Richtige Hundeernährung
(**0811**-2) Von Dr. med. vet. E. M. Bartenschlager, 80 S., 51 Farbf., 4 Farbzeichn. kart. ●●

Hundekrankheiten
(**1077**-X) Von Dr. med. vet. R. Spangenberg,
96 S., 44 Farb- und 1 s/w-Foto, 22 Farbzeichnungen, kartoniert. ●

Von Ajax bis Zamperl
Die beliebtesten Hunde-Namen
(**1174**-1) Von H.-J. Schließke, 96 Seiten, kart.
●

Die Katze in der Familie
(**1076**-1) Von U. Birr, 136 S., 112 Farbf., kart. ●●

Katzen
Rassen · Verhalten · Pflege · Zucht
(**4158**-6) Von B. Gerber, 176 S., 294 Farb- und
88 s/w-Fotos, Pappband. ●●●●

Das neue Katzenbuch
Rassen · Aufzucht · Pflege.
(**0427**-3) Von B. Eilert- Overbeck, 120 Seiten,
14 Farbfotos, 26 s/w-Fotos, kartoniert. ●

Katzenkrankheiten
erkennen und behandeln
(**1078**-8) Von Dr. med. vet. R. Spangenberg,
104 S., 40 Farbfotos und 11 Farbzeichnungen,
kartoniert. ●●

Junge Katzen
(**0862**-7) Von Dr. med. vet. E. M. Bartenschlager, 72 S., 40 Farbfotos, 4 Farbzeichnungen,
kartoniert. ●

Pferde
(**4186**-1) Von H. Werner, 176 S., 196 Farbund 50 s/w-Fotos, 100 Zeichnungen, Pappband. ●●●●

Reiten auf Gangpferden
Isländer, Pasos, Saddlehorses und andere
Freizeitpferde
(**4716**-9) Von Dr. med. vet. H. Jung, ca. 112 S.,
zahlreiche Abbildungen, kartoniert. ●●●

Reiten im Bild
(**0415**-X) Von H. Werner, 128 S., 142 Farbfoyos, 107 Farbzeichnungen, kartoniert. ●●

Der Hobby-Imker
(**0978**-X) Von Dr. R. F. A. Moritz, 144 S.,
106 zweifarbige Zeichnungen, kart. ●●

Geflügelhaltung als Hobby
(**0749**-3) Von M. Baumeister, H. Meyer,
184 S., 8 Farbtafeln, 47 s/w-Fotos, 15 zweifarbige Zeichnungen, kartoniert. ●●●

Sittiche und kleine Papageien
(**0864**-3) Von Dr. med. vet. E. M. Bartenschlager, 88 S., 84 Farbfotos, 9 Zeichnungen,
kartoniert. ●●

Alles über Großsittiche
(**1320**-5) Von H. Bielfeld, 88 S., 88 Farbfotos,
3 Farbzeichnungen, kartoniert. ●●

Alles über Wellensittiche
(**1129**-6) Von H. Bielfeld, 64 S., 53 Farbfotos,
3 Zeichnungen, kartoniert. ●●

Alles über Kanarienvögel
(**0901**-1) Von H. Schnoor, 64 S., 58 Farbfotos
und Zeichnungen, kartoniert. ●●

Nymphensittiche
Auswahl · Haltung · Pflege
(**1474**-0) Von F. Moll, ca. 64 Seiten, durchgehend vierfarbig, kartoniert. ●●

Beos
Haltung · Pflege · Zucht
(**1475**-9) Von M. Wagner, ca. 64 Seiten, durchgehend vierfarbig, kartoniert. ●●

Elternlose Jungvögel
Erste Hilfe · Aufzucht · Auswilderung
(**1319**-1) Von I. Polaschek, 80 S., 80 Farbfotos, 5 Farbzeichnungen, kartoniert. ●●

Diskusfische
Arten · Haltung · Pflege
(**1432**-5) Von H. Hirsch, 64 Seiten, 43 Farbfotos, kartoniert. ●●

Die Tiersprechstunde
Gesunde Fische im Süßwasseraquarium
(**1013**-3) Von H. J. Mayland, 96 S., 73 Farbfotos, 10 Zeichnungen, kartoniert. ●●

Alles über Zwerg- und Goldhamster
(**1012**-5) Von M. Mettler, 96 S., 96 Farbfotos,
kartoniert. ●●

Alles über Chinchillas und Degus
(**1130**-X) Von M. Mettler, 96 S., 80 Farbfotos,
3 Zeichnungen, kartoniert. ●●

Alles über Meerschweinchen
(**0809**-0) Von Dr. med. vet. E. M. Bartenschlager, 72 S., 43 Farbfotos, 11 Farbzeichnungen,
kartoniert. ●●

Alles über Zwergkaninchen
(**1075**-3) Von M. Mettler,. 64 S., 52 Farbfotos,
kartoniert. ●●

Alles über Rennmäuse
(**1318**-3) Von M. Mettler, 80 S., 74 Vignetten,
kartoniert. ●●

Sport und Fitneß

Neue Lehrmethoden der Judo-Praxis
(**0424**-9) Von P. Herrmann, 223 S., 475 Abb.,
kartoniert. ●●

Judo perfekt 1
(**1249**-7) Von K. Fuchs, 128 S., kartoniert. ●●

Judo perfekt 2
Wettkampftechniken im Stand
(**1461**-9) Von K. Fuchs, ca. 128 S., kartoniert. ●●

Fußwürfe
für Judo, Karate und Selbstverteidigung
(**0439**-7) Von H. Nishioka, übers. von H. J.
Heese, 96 S., 260 Abb., kartoniert. ●●

Karate 1
zur Selbstverteidigung
(**1312**-4) Von M. Nakayama, 96 Seiten,
315 s/w-Fotos, 5 Zeichn., kartoniert. ●●

Karate 2
zur Selbstverteidigung
(1362-0) Von M. Nakayama, 96 Seiten, 245 s/w-Fotos, kartoniert. ●●

Nakayamas Karate perfekt 1
Einführung.
(0487-7) Von M. Nakayama, 136 Seiten, 605 s/w-Fotos, kartoniert. ●●

Nakayamas Karate perfekt 2
Grundtechniken.
(0512-1) Von M. Nakayama, 136 Seiten, 354 s/w-Fotos, 53 Zeichnungen, kart. ●●

Nakayamas Karate perfekt 3
Kumite 1: Kampfübungen.
(0538-5) Von M. Nakayama, 128 Seiten, 424 s/w-Fotos, kartoniert. ●●

Nakayamas Karate perfekt 4
Kumite 2: Kampfübungen.
(0547-4) Von M. Nakayama, 128 Seiten, 394 s/w-Fotos, kartoniert. ●●

Nakayamas Karate perfekt 5
Kata 1: Heian, Tekki.
(0571-7) Von M. Nakayama, 144 Seiten, 1229 s/w-Fotos, kartoniert. ●●

Nakayamas Karate perfekt 6
Kata 2: Bassai-Dai, Kanku-Dai.
(0600-4) Von M. Nakayama, 144 Seiten, 1300 s/w-Fotos, 107 Zeichnungen, kart. ●●

Nakayamas Karate perfekt 7
Kata 3: Jitte, Hangetsu, Empi.
(0618-7) Von M. Nakayama, 144 Seiten, 1988 s/w-Fotos, 105 Zeichnungen, kart. ●●

Nakayamas Karate perfekt 8
Gankaku, Jion.
(0650-0) Von M. Nakayama, 144 Seiten, 1174 s/w-Fotos, 99 Zeichnungen, kart. ●●

Karate
(2308-1) Von A. Pflüger, 96 S., 134 Farbfotos, 4 s/w-Zeichnungen, kartoniert. ●●

Bo-Karate
Hanbo-Jitsu – die Techniken des Stockkampfes.
(0447-8) Von G. Stiebler, 176 S., 424 s/w-Fotos, 38 Zeichnungen, kartoniert. ●●

Karate 1
Einführung · Grundtechniken.
(0227-0) Von A. Pflüger, 144 S., 195 s/w-Fotos, 120 Zeichnungen, kartoniert. ●

Karate 2
Kombinationstechniken · Katas.
(0239-4) Von A. Pflüger, 176 S., 452 s/w-Fotos und Zeichnungen, kartoniert. ●●

Karate Kata 1
Heian 1–5, Tekki 1, Bassai-Dai.
(0683-7) Von W.-D. Wichmann, 164 Seiten, 703 s/w-Fotos, kartoniert. ●●

Karate Kata 2
Jion, Empi, Kanku-Dai, Hangetsu.
(0723-X) Von W.-D. Wichmann, 140 Seiten, 661 s/w-Fotos, 4 Zeichnungen, kart. ●●

Karate Kata 3
Bassai Sho, Kanku Sho, Nijushiho, Sochin.
(1120-2) Von W.-D. Wichmann, 144 Seiten, 598 s/w-Fotos, 4 Grafiken, kart. ●●

Dragon – der Drache
Die Bruce-Lee-Story
(1415-0) Von L. Lee, 192 S., 257 s/w-Fotos, kartoniert. ●

Bruce Lees Kampfstil 1
Grundtechniken
(0473-7) Von B. Lee, M. Uyehara, 109 Seiten, 220 Abbildungen, kartoniert. ●

Bruce Lees Kampfstil 2
Selbstverteidigungs-Techniken
(0486-9) Von B. Lee, M. Uyehara, 128 Seiten, 310 Abb., kartoniert. ●

Bruce Lees Kampfstil 3
Trainingslehre
(0503-2) Von B. Lee, M. Uyehara, 112 Seiten, 246 Abbildungen, kartoniert. ●

Bruce Lees Kampfstil 4
Kampftechniken
(0532-7) Von B. Lee, M. Uyehara, 104 Seiten, 211 Abbildungen, kartoniert. ●

Bruce Lee Kung-Fu
zur Selbstverteidigung
(1399-X) Von B. Lee, 104 Seiten, 120 s/w-Abbildungen, kartoniert. ●●

Chuck Norris
Meine Karatetechnik
Erfolgreich in Angriff und Abwehr
(1460-0) Von C. Norris, 128 Seiten, kartoniert. ●

Shaolin Kung-Fu 1
Grundlagen chinesischer Kampfkunst
(1363-9) Von C. D. Yao, R. Fassi, 124 Seiten, 207 s/w-Fotos, 30 s/w-Zeichn., kart. ●●●

Shaolin Kung-Fu 2
Kampftechniken für Angriff und Abwehr
(1416-3) Von C. D. Yao, R. Fassi, 144 Seiten, 581 s/w-Abb., kartoniert. ●●

Kung-Fu 1
Legende · Philosophie · Grundtechniken
(0891-0) Von Chr. Yim, 152 S., 401 s/w-Fotos, 2 s/w-Zeichnungen, kartoniert. ●●

Kung-Fu und Thai-Chi
Grundlagen und Bewegungsabläufe
(0367-6) Von B. Tegner, 182 Seiten, 370 s/w-Fotos, kartoniert. ●

Kung Fu
Theorie und Praxis klassischer und moderner Stile
(0376-5) Von M. Pabst, 160 Seiten, 330 Abbildungen, kartoniert. ●●

Bruce Lees Jeet Kune Do
(0440-0) Von B. Lee, 192 S., mit 105 eigenhändigen Zeichnungen von B. Lee, kartoniert. ●●●

Shaolin-Kempo – Kung-Fu
Chinesisches Karate im Drachenstil.
(0395-1) Von R. Czerni, K. Konrad, 246 S., 723 Abbildungen, kartoniert. ●●

Kickboxen
Fitneßtraining und Wettkampfsport.
(0795-7) Von G. Lemmens, 96 S., 208 s/w-Fotos, 23 Zeichnungen, kartoniert. ●●

Ninja 1
Die Lehre der Schattenkämpfer.
(0758-2) Von S. K. Hayes, übers. von J. Schmit, 144 Seiten, 137 s/w-Fotos, kartoniert. ●

Ninja 2
Die Wege zum Shoshin.
(0763-9) Von S. K. Hayes, übers. von J. Schmit, 160 S., 309 s/w-Fotos, 2 Zeichnungen, kartoniert. ●

Ninja 3
Der Pfad des Togakure-Kämpfers.
(0764-7) Von S. K. Hayes, übers. von J. Schmit, 144 S., 197 s/w-Fotos, 2 Zeichnungen, kartoniert. ●

Ninja 4
Das Vermächtnis der Schattenkämpfer.
(0807-4) Von S. K. Hayes, übers. von J. Schmit, 196 Seiten, 466 s/w-Fotos, kartoniert. ●●

Taekwondo perfekt 1
Die Formenschule bis zum Blaugurt.
(0890-2) Von K. Gil, Kim Chul-Hwan, 176 Seiten, 439 s/w-Fotos, 107 Zeichnungen, kartoniert. ●●

Taekwondo perfekt 2
Die Formenschule vom Blau- bis zum Schwarzgurt.
(0976-3) Von K. Gil, K. Chul-Hwan, 192 Seiten, 461 s/w-Fotos, 112 Zeichnungen, kartoniert. ●

Taekwondo perfekt 3
(1068-0) Von K. Gil, K. Chul-Hwan, 200 S., 429 s/w-Fotos, kartoniert. ●●●

Taekwondo perfekt 4
(1250-0) Von K. Gil, 160 S., zahlr. s/w-Fotos und Schrittdiagramme, 17 Übungstafeln zum Herausnehmen, kart. ●●●

Ju-Jutsu 1
Grundtechniken · Moderne Selbstverteidigung.
(0276-9) Von W. Heim, F. J. Gresch, 164 S., 450 s/w-Fotos, 8 Zeichn., kartoniert. ●●

Ju-Jutsu 2
für Fortgeschrittene und Meister.
(0378-1) Von W. Heim, F. J. Gresch, 160 S., 798 s/w-Fotos, kartoniert. ●●

Ju-Jutsu 3
Spezial-, Gegen- und Weiterführungs-Techniken · Stockkampfkunst.
(0485-0) Von W. Heim, F. J. Gresch, 200 S., über 600 s/w-Fotos, kartoniert. ●●

Aikido
Lehren und Techniken des harmonischen Weges.
(0537-7) Von R. Brand, 280 Seiten, 697 Abbildungen, kartoniert. ●●

Hap Ki Do
Koreanische Selbstverteidigung nach dem Lehrsystem des Großmeisters.
(0379-X) Von Kim Sou Bong, 112 Seiten, 152 Abbildungen, kartoniert. ●●

Dynamische Tritte
Grundlagen bis zum Zweikampf.
(0438-9) Von C. Lee, 96 S., 398 s/w-Fotos, 10 Zeichnungen, kartoniert. ●●

Super-Tritte
(1248-9) Von W. Wallace, 136 S., kart. ●●

Selbstverteidigung
Abwehrtechniken für Sie und Ihn.
(0853-8) Von E. Deser, 96 S., 259 s/w-Fotos, kartoniert. ●

Die Faszination athletischer Körper
Bodybuilding
mit Weltmeister Ralf Möller.
(4281-7) Von R. Möller, 128 Seiten, 169 Farbfotos, 14 s/w-Fotos, 1 Farbzeichnung, Pappband. ●●●●

Ladyfitneß
Das neue Körperbewußtsein der Frau
Bodyshaping · Körperpflege · Ernährung · Entspannung
(4433-X) Von Prof. Dr. S. Starischka, B. Grabis, D. von Cramm, G. W. Kienitz, 128 S., 227 Farbfotos, Pappband. ●●●●

Bodybuilding für Frauen
Wege zu Ihrer Idealfigur
(0661-9) Von H. Schulz, 112 S., 84 s/w-Fotos, 4 Zeichnungen, kartoniert. ●

Bodybuilding
Anleitung zum Muskel- und Konditionstraining für sie und ihn
(0604-7) Von R. Smolana, 160 S., 171 s/w-Fotos, kartoniert. ●

Bodybuilding
(2314-6) Von L. Spitz, 112 S., 203 Farbabbildungen, 10 Tabellen. ●●

Leistungsfähiger durch Krafttraining
Eine Anleitung für Fitness-Sportler, Trainer und Athleten.
(0617-9) Von W. Kieser, 96 S., 20 s/w-Fotos, 62 Zeichnungen, kartoniert. ●

Krafttraining
Wirbelsäulengerechte Übungen an und mit Geräten
(1309-4) Von A. Balk, 48 S., 8 Bildtafeln, Spiralbindung. ●●●

Muskeltraining mit Hanteln
Leistungssteigerung für Sport und Fitneß
(0676-4) Von H. Schulz, 104 S., 92 s/w-Fotos, 2 Zeichnungen, kartoniert. ●

Ausdauertraining
Einführung und Grundtechniken
(1396-5) Von G. Eyting, 32 S., 41 Farbfotos, 21 Farbzeichn., kartoniert. ●●●

Hanteltraining zu Hause
(**0800**-7) Von W. Kieser, 80 S., 71 s/w-Fotos, 4 Zeichnungen, kartoniert. ●

Optimale Ernährung
für Krafttraining und Bodybuilding.
(**0912**-7) Von B. Dahmen, 88 S., 8 Farbtafeln, 8 Zeichnungen, kartoniert. ●●

Aufwärmen
Übungen und Programme für Sport und Spiel
(**1311**-6) Von Dr. H. Wolff, 40 S., 8 Bildtafeln, Spiralbindung. ●●●

Fitneßtraining
Empfohlen vom Deutschen Sportbund
(**1245**-4) Von Marianne Schreiber, 32 Seiten, Spiralbindung mit Ausklapptafeln. ●●

Wirbelsäulengymnastik
Empfohlen vom Deutschen Sportbund
(**1246**-2) Von L. Keller, 40 Seiten, Spiral-bindung mit Ausklapptafeln. ●●●

Aerobics
Low Impact, High-Impact, Step-Aerobic
(**1421**-X) Von M. Freytag-Baumgartner, 44 S., 3 Farbtafeln, 84 Farbfotos, 16 s/w-Fotos, Spiralbindung, kartoniert. ●●●

Stretching
Empfohlen vom Deutschen Sportbund
(**1247**-0) Von A. Balk, 40 Seiten, Spiralbin-dung mit Ausklapptafeln. ●●

Isometrisches Training
Übungen für Muskelkraft und Entspannung.
(**0529**-6) Von L. M. Kirsch, 104 S., 150 s/w-Fotos, kartoniert. ●●

Stretching
Mit Dehnungsgymnastik zu Entspannung, Geschmeidigkeit und Wohlbefinden.
(**0717**-5) Von H. Schulz, 80 S., 90 s/w-Fotos, kartoniert. ●

Stretching
(**2304**-9) Von B. Kurz, 96 S., 255 Farbfotos, kartoniert. ●●

Gesund und fit durch Gymnastik
(**0366**-8) Von H. Pilss-Samek, 88 Seiten, 130 Abbildungen, kartoniert. ●

Funktionelles Körpertraining
Grundlagen und Bewegungsprogramme
(**1367**-1) Von A. Balk, 40 S., 100 Farbfotos, kartoniert. ●●●

Spielerisch zur Kondition
Über 100 Trainingsspiele zur Verbesserung von Ausdauer, Schnelligkeit, Kraft und Beweglichkeit
(**1214**-4) Von U. Stumpp, 120 S., 30 Grafiken, kartoniert. ●●●

AOK-Videothek
Top-Form Gymnastik
Ein Bewegungsprogramm für pfundige Leute
(**6144**-7) VHS, ca. 30 Minuten, in Farbe.●●●*

Fit und frisch
Gymnastik für die ganze Familie
(**6501**-0) Von G. Sieber, 104 S., 306 Farbfotos, 5 Farbzeichnungen, kart., mit Audiokassette, Laufzeit 30 Min. ●●●

Sportjahr 93
Rekorde · Siege · Schicksale · Ergebnisse
Mit Sonderteil Leichtathletik-WM
(**4690**-1) 176 Seiten, 373 Farbfotos, Papp-band. ●●●

Freeclimbing
Technik und Training
(**1251**-9) Von T. Strobl, 144 Seiten, durchge-hend vierfarbig, kartoniert. ●●●

Fechten
Florett · Degen · Säbel.
(**0449**-4) Von E. Beck, 88 Seiten, 185 Fotos, 10 Zeichnungen, kartoniert. ●●

SportRegeln Volleyball
(**1368**-X) 88 S., 5 Farbtafeln, 19 s/w-Fotos, kartoniert. ●●

Fußball
(**2309**-X) Von H. Obermann, P. Walz, 112 Seiten, 47 Farbfotos, 18 Farb- und 25 s/w-Zeichnungen, kartoniert. ●●

Sepp Maier
Super-Torwart-Training
(**4451**-8) Von S. Maier, 168 S., 30 Farb- und 34 s/w-Fotos, 236 zweifarbige Zeichnungen, Pappband.●●●●

Fußballtraining für Kinder und Jugendliche
Spiel- und Übungsformen zu Technik und Taktik
(**1463**-5) Von S. Asmus u. a., ca. 128 Seiten, durchgehend vierfarbig, kartoniert. ●●

SportRegeln
American Football
(**1165**-2) 136 S., 18 s/w-Fotos, kartoniert.●

Streetball
Technik · Taktik · Spiel
(**1465**-1) Von J. Bezler und T. Paganetti, ca. 80 Seiten, durchgehend vierfarbig, kartoniert.●

Handball
Technik · Taktik · Regeln.
(**0426**-5) Von F. und P. Hattig, 128 Seiten, 91 s/w-Fotos, 121 Zeichnungen, kart. ●●

Handball
Grundlagen für Training und Spiel
(**2321**-9) Von H.-P. Oppermann, 120 Seiten, 39 Farbtafeln, 12 s/w-Fotos, 108 Farbzeich-nungen, kartoniert. ●●

SportRegeln Handball
Die offiziellen Regeln
Wissenswertes von A bis Z
(**1099**-6) 88 Seiten, 32 s/w-Fotos, 14 Zeich-nungen, kartoniert. ●

SportRegeln Rugby
Die offiziellen Regeln
Wissenswertes von A bis Z
(**1216**-0) 96 Seiten, zahlreiche zweifarbige Abbildungen, kartoniert. ●

Tennis
Technik · Taktik · Regeln.
(**0375**-7) Von W. u. S. Taferner, 112 Seiten, 81 Abbildungen., kartoniert. ●

SportRegeln Tennis
Die offiziellen Regeln
Wissenswertes von A bis Z
(**1097**-4) 88 S., 24 s/w-Fotos, 6 Zeichnungen, kartoniert. ●

Tischtennis-Technik
Der individuelle Weg zu erfolgreichem Spiel.
(**0775**-2) Von M. Perger, 144 Seiten, 296 Abbildungen, kartoniert. ●●

SportRegeln Tischtennis
Die offiziellen Regeln
Wissenswertes von A bis Z (**1252**-7) 96 S., zahlreiche zweifarbige Abb., kart. ●

Badminton
Technik · Taktik · Training.
(**0699**-3) Von K. Fuchs, L. Sologub, 168 S., 51 Abbildungen, kartoniert. ●●

SportRegeln
Badminton
(**1101**-6) 84 S., kartoniert.●

Squash
(**2311**-1) Von P. Langhammer, R. Michna, 96 S., 86 Farbfotos, 18 Farbzeichn., kartoniert. ●●

Squash
Ausrüstung · Technik · Regeln
(**0539**-3) Von D. von Horn, H.-D. Stünitz, 96 S., 55 s/w-Fotos, 25 Zeichnungen, kart. ●●

SportRegeln Squash
Wissenswertes von A bis Z
(**1100**-8) 64 S., 11 s/w-Fotos, 23 Zeichnungen, kartoniert. ●

Darts
Technik · Taktik · Spiel
(**1466**-X) Von R.W. Sohlbach, ca. 112 S., kart. ●●

Golf
Neue Wege zum erfolgreichen Spiel
(**4509**-3) Von O. Heuler, ca. 144 S., zahlr. Farbabbildungen, Pappband. ●●●●●

SportRegeln Golf
(**1315**-0) 96 S., 19 s/w-Fotos, kartoniert. ●

Golf
Ausrüstung und Technik.
(0343-9) Von J. C. Jessop, 96 S., 57 Abb., Anhang Golfregeln des DGV, kart. ●

Eishockey
Lauf- und Stocktechnik, Körperspiel, Taktik, Ausrüstung und Regeln.
(**0414**-1) Von J. Čapla, 264 S., 548 s/w-Fotos, 163 Zeichnungen, kartoniert. ●●●

SportRegeln
Eishockey
(**1098**-2) 116 Seiten, kartoniert.●

Billard
Grundstöße · Viertelbillard und Freie Partie
(**1313**-2) Von Dr. H. Stingel, 112 Seiten, 196 Zeichnungen, kartoniert. ●●

Grundlagen für Training und Spiel
Pool-Billard
(**2318**-9) Von B. Pejcic, R. Meyer, 96 S., durch-gehend vierfarbig, kartoniert. ●●

Pool-Billard
(**0484**-2) Herausgegeben vom Deutschen Pool-Billard-Bund. Von M.Bach, K.-W. Kühn, 104 S., 64 Abbildungen, kartoniert. ●

FALKEN Video
Reiten
Von der ersten Stunde bis zum Ausritt
(**6097**-1) VHS, ca. 60 Min., in Farbe, mit Begleitheft.●●●●*

Reiten
(**2322**-7) Von T. Eckholt, 128 S., durchgehend vierfarbig, kartoniert. ●

Tanzstunde
Das Welttanzprogramm leicht gelernt
(**4409**-2) Von G. Hädrich, 164 S., 489 s/w-Fotos, 43 Zeichnungen, Pappband. ●●●

Wir lernen Tanzen
(**0200**-9) Von E. Fern, 152 S., 119 s/w-Fotos, 47 Zeichnungen, kartoniert. ●●

Anmutig und fit durch
Bauchtanz
(**0911**-9) Von Marta, 120 S., 229 Farbfotos, 6 s/w-Zeichnungen, kartoniert. ●●●

Segeln
(**1364**-X) Von H. Mönster u.a., ca. 128 Seiten, durchgehend vierfarbig, zahlr. Abbildungen, kartoniert. ●●●

Sporttauchen
Theorie und Praxis des Gerätetauchens
(**0647**-0) Von S. Mußig, 144 S., 8 Farbtafeln, 35 s/w-Fotos, 89 Zeichnungen, kart. ●●

Fit mit Sporttauchen
(**2320**-0) Von Dr. F. Naglschmid, 112 Seiten, 71 Farbfotos, 21 Zeichnungen, kartoniert. ●●

Angelfischerei von Aal bis Zander
Fische · Geräte · Technik.
(**0324**-2) Von H. Oppel, 72 Seiten, 16 Farb-tafeln, 49 s/w-Abb., kartoniert. ●●

Angeln
Kleine Fibel für den Sportfischer.
(**0198**-3) Von E. Bondick, 80 Seiten, 4 Farb-tafeln, 116 Abbildungen, kartoniert. ●●

Snowboarding
Ausrüstung · Fahrtechnik · Wettkämpfe
Videokassette (**6139**-0) VHS, ca. 45 Min., in Farbe.●●●●*

Fibel für Kegelfreunde
Sport- und Freizeitkegeln · Bowling
(**0191**-6) Von G. Bocsai, 72 Seiten, 62 Abb., kartoniert ●

111spannende Kegelspiele
(**2031**-7) Von H. Regulski, 80 S., 53 Zeich-nungen, kartoniert. ●

Mensch und Gesundheit

Der moderne Ratgeber
Wir werden Eltern
Schwangerschaft · Geburt · Erziehung des Kleinkindes.
(**4269**-8) Von B. Nees-Delaval, 376 Seiten, 335 2-farbige Abb., Pappband. ●●●●

Ich freue mich auf mein Baby
Ratgeber und Tagebuch für die Schwangerschaft
(**4711**-8) Von E. Portz-Schmitt, 184 S., 18 Farbfotos, 72 Farbzeichn., Pappband. ●●●●

Ich bekomme ein Baby
Wegweiser für Schwangerschaft und Geburt
(**1254**-3) Von B. Nees-Delaval, 144 Seiten, durchgehend zweifarbig, kartoniert. ●●

Wenn der Mensch zum Vater wird
Ein heiter-besinnlicher Ratgeber
(**4259**-0) Von D. Zimmer, 160 S., 20 Zeichnungen, Pappband. ●●

AOK Bibliothek
Schwangerschaftsgymnastik und Geburtsvorbereitung
(**1423**-6) Von L. Keller, 112 S., 137 Farbfotos, 12 Farbzeichnungen, kartoniert. ●●●

Vorbereitung auf die Geburt und
Schwangerschaftsgymnastik
Atmung, Rückbildungsgymnastik, Gymnastik.
(**0251**-3) Von S. Buchholz, 112 Seiten, 98 s/w-Fotos, kartoniert. ●

AOK-Bibliothek
Rückbildungsgymnastik
Informationen, Tips und Übungen
(**1470**-8) Von L. Keller, ca. 112 Seiten, zahlreiche Farbfotos und Farbillustrationen, kartoniert. ●●●*

AOK-Videothek
FALKEN Video
Rückbildungsgymnastik
Informationen, Tips und Übungen
(**6176**-5) Laufzeit ca. 30 Minuten. ●●●●*

Die Kunst des Stillens
nach neuesten Erkenntnissen
(**0701**-9) Von Prof. Dr. med. E. Schmidt, S. Brunn, 112 S., 20 Fotos und Zeichnungen, kartoniert. ●

Der große FALKEN BabyKurs
Pflege · Ernährung · Entwicklung · Erziehung
(**4739**-8) Von K. Schutt, ca. 352 Seiten, ca. 400 Farbfotos, gebunden. ●●●

Das Babybuch
Pflege · Ernährung · Entwicklung
(**0531**-8) Von A. Burkert, 96 Seiten, 76 zweifarbige Zeichnungen, 22 s/w-Zeichnungen, kartoniert. ●●

Babyfitneß
Massage, Spiele, Gymnastik und Schwimmen für Kinder im 1. Lebensjahr
(**1034**-6) Von G. Zeiß, 112 Seiten, 179 zweifarbige Illustrationen, , kartoniert. ●●

Wenn Kinder krank werden
Medizinischer Ratgeber für Eltern
(**4240**-X) Von B. Nees-Delaval, 232 Seiten, 163 Zeichnungen, Pappband. ●●●

Keinen Mann um jeden Preis
Das neue Selbstverständnis der Frau in der Partnerbeziehung
(**4440**-2) Von Shere Hite, Kate Colleran, 208 Seiten, Pappband. ●●●

Total verknallt ... und keine Ahnung?
Alles über Liebe, Sex und Zärtlichkeit
(**1024**-9) Von H. Bruckner, R. Rathgeber, 104 S., 38 Abbildungen, kartoniert. ●●

Streicheleinheiten für Körper und Seele
Partnermassage
(**4444**-5) Von Chr. Unseld-Baumanns, 136 S., 145 Farbfotos, Pappband. ●●●●

Partner gesucht
Die besten Tips und Strategien fürs Kennenlernen
(**1481**-3) Von Dr. C. Harmsen, 128 Seiten, kartoniert. ●●

freundin Ratgeber
Glück braucht Mut
Die Psycho-Logik des Jens Corssen
(**1176**-8) Von J. Corssen, B. Schmidt, 160 S., kartoniert. ●●

freundin Ratgeber
Die faire Trennung
Wie man mit Anstand auseinandergeht
(**1477**-5) Von I. Weber, ca. 144 S., kart. ●●

Angst und Panik
Ursachen · Symptome · Therapie
(**1422**-8) Von Prof. Dr. H.-R. Lückert, 176 S., kartoniert. ●●

Wörterbuch der Medizin
(**4535**-2) 400 Seiten, 229 Farbfotos, Pappband. ●●●●

Bildatlas des menschlichen Körpers
(**4177**-2) Von G. Pogliani, V. Vannini, 112 Seiten, 402 Farbabbildungen, 28 s/w-Fotos, Pappband. ●●●●

Richtig essen bei
Nahrungsmittelallergien
(**4745**-2) Von Dr. med. C. Thiel, A. Ilies, 128 S., ca. 90 Farbf., gebunden. ●●●

Nahrungsmittelallergien
So ernähren Sie sich richtig!
(**0913**-9) Von Priv.-Doz. Dr. med. Dr. med. habil. J. von Mayenburg, Prof. Dr. med. Dr. phil. S. Borelli, E. Polster, 136 S., kart. ●●

Neurodermitis
Ursachen · Ganzheitliche Behandlung · Selbsthilfe
(**1218**-7) Von Prof. Dr. med. Dr. phil. S. Borelli, 144 S., kartoniert. ●●

Bluthochdruck
Risikofaktoren · Vorbeugung · Behandlung
(**1125**-3) Von Prof. Dr. med. D. Klaus, R. Unsorg, G. Leibold, 152 S., 25 Farbfotos, 22 Farbzeichnungen, kartoniert. ●●●

Arteriosklerose
Risikofaktoren/Vorbeugung/Therapie
Richtige Ernährung bei erhöhtem Cholesterinspiegel.
(**1020**-6) Von Prof. Dr. med. G. Assmann, Dr. troph. U. Wahrburg, 192 S., 84 farb. Abb., 4 s/w-Zeichnungen, kartoniert. ●●

Asthma
Pseudokrupp, Bronchitis und Lungenemphysem
Krankheitsbilder · Diagnose · Therapie
(**1126**-1) Von Prof. Dr. med. W. Schmidt, S. Ertelt, 152 S., 110 zweif. Zeichn., kart. ●●●

Risiko Herzinfarkt
Empfohlen von der Deutschen Herzstiftung
(**1217**-9) Von C. Halhuber, M. J. Halhuber, 152 S., 38 Farb- und 8 s/w-Zeichnungen, kartoniert. ●●●

So arbeitet das Immunsystem
Funktionsweise · Störungen · Natürliche Stärkung
(**1253**-5) Von V. Friebel, J. Ledvina, A. Roßmeier, 168 S., 18 Farbtafeln, 38 zweifarbige Zeichnungen, kartoniert. ●●●

Diabetes
Krankheitsbild, Therapie, Kontrollen, Schwangerschaft, Sport, Urlaub, Alltagsprobleme. Neueste Erkenntnisse der Diabetesforschung. (**0895**-3) Von Dr. med. H. J. Krönke, 120 S., 4 Farbtafeln, 14 s/w-Fotos, 13 s/w-Zeichnungen, kartoniert. ●

AOK-Bibliothek
Gesunde Haut
Ratgeber für Pflege und Gesundheit
(**1468**-6) Von J. Müller und Dr. med. K.-U. Schmidt, ca. 112 Seiten, zahlr. Abbildungen, durchgehend vierfarbig, kart. ●●●

Naturkosmetik
Die Grundlagen gesunder und natürlicher Hautpflege.
(**1080**-X) Von N. E. Haas, 120 Seiten, 63 Farbabbildungen, kartoniert. ●●

Die sanfte Art des Heilens
Homöopathie
Praktische Anwendung und Arzneimittellehre
(**4418**-X) Von J. H. P. Kreuter, 216 S., 49 Zeichnungen, Pappband. ●●●

Aromatherapie
Gesundheit und Entspannung durch ätherische Öle.
(**1131**-8) Von K. Schutt, 96 S., 40 zweifarbige Abbildungen, kartoniert. ●●

Heilatmen
Ein Weg zu Lebenskraft und innerer Harmonie
(**1047**-8) Von K. Schutt, 112 S., 57 zweifarbige Abbildungen, kartoniert. ●●

Bewährte Naturheilverfahren bei
Herz-Kreislauf-Erkrankungen
(**1084**-2) Von Dr. med. O. Wolff, G. Leibold, 104 Seiten, kartoniert. ●

Risiko Herzinfarkt
(**1217**-9) Von Dr. C. Halhuber, Prof. Dr. M. J. Halhuber, 160 S., durchgehend zweifarbig, kartoniert. ●●●

Krebsangst und Krebs behandeln
Mit einem Vorwort von Prof. Dr. med. Friedrich Douwes.
(**0839**-2) Von G. Leibold, 104 Seiten, kartoniert. ●

Bewährte Naturheilverfahren bei
Krebs
(**1082**-6) Hrsg. H.-R. Heiligtag, 88 Seiten, kartoniert. ●

Heilen mit Blütenenergien
nach Dr. Bach
(**1141**-5) Von J. Wenzel, ca. 96 S., kartoniert. ●

Bewährte Naturheilverfahren bei
Migräne und Schlafstörungen
(**1081**-8) Von G. Leibold, Dr. med. H. Chr. Scheiner, 112 Seiten, kartoniert. ●

Gesunder Schlaf
Schlafstörungen ohne Medikamente erfolgreich behandeln.
(**1036**-2) Von D. H. Alke, 88 S., 22 s/w-Abb., mit Audiokassette, kartoniert. ●●

Natürliche Behandlungsmethoden bei
Rückenschmerzen
Massage · Gymnastik · Entspannung
(**4447**-X) Von Prof. Dr. med. H. Hess, K. Eder, H.-J. Montag, K. Schutt, 152 S., 168 Farbabbildungen, Pappband. ●●●

TELE-Rückenschule
Wohlbefinden durch bewußte Körpererfahrung
(**1310**-8) Von K. Haak, 64 S., 19 Farb-, 24 s/w-Fotos, 24 Zeichnungen, 2 Ausklapptafeln, mit Audiokassette, kartoniert. ●●●●

TELE-Rückenschule
Wohlbefinden durch bewußte Körpererfahrung
Videokassette (**6108**-0) VHS, ca. 60 Min., in Farbe, mit Broschüre. ●●●●*

Rheuma behandeln und lindern
Mit einem Vorwort von Dr. med. Max-Otto Bruker.
(**0836**-8) Von G. Leibold, 96 Seiten, kartoniert. ●

Besser sehen durch Augentraining
Ein Gesundheitsprogramm zur Verbesserung des Sehvermögens.
(**0914**-3) Von K. Schutt, B. Rumpler, 96 S., 32 s/w-Zeichnungen, kartoniert. ●●

So arbeitet das
Immunsystem
(**1253**-5) Von V. Friebel, I. Ledvina, A. Roßmeier, 192 Seiten, durchgehend zweifarbig, kartoniert. ●●●

Allergien behandeln und lindern
Mit einem Vorwort von Prof. Dr. med. Axel
Stemmann.
(0840-6) Von G. Leibold, 96 Seiten, 4 Zeich-
nungen, kartoniert. ●
Enzyme
Vitalstoffe für die Gesundheit
(0677-2) Von G. Leibold, 96 S., kartoniert. ●
Besser leben durch Fasten
(0841-4) Von G. Leibold, 96 S., kartoniert. ●
Massagetechniken und Heilanzeigen
Reflexzonentherapie
(4404-6) Von G. Leibold, 128 Seiten, 53 Farb-
zeichnungen, Pappband. ●●●
Akupressur zur Eigenbehandlung
(0417-6) Von G. Leibold, 112 S., 78 Abb.,
kartoniert.●
Shiatsu-Massage
Harmonisierung der Energieströme im
Körper
(0615-2) Von G. Leibold, 196 S., 180 Abb.,
kartoniert. ●●●
Fußsohlenmassage
Heilanzeigen · Technik · Selbsthilfe
(0714-0) Von G. Leibold, 96 S., 38 Zeichnungen, kartoniert. ●
Entspannung und Schmerzlinderung durch
Massage
(0750-7) Von B. Rumpler, K. Schutt, 112 S.,
116 zweifarbige Zeichnungen, kartoniert. ●
Gesundheit und Entspannung durch
Massage
(1317-5) Von K. Schutt, 168 S., 126 Farbfotos,
61 Farbzeichnungen, kartoniert. ●●●
Gesundheit für Körper und Seele
Entspannung
(1471-6) Von K. Schutt, ca. 80 Seiten, durchgehend zweifarbig, kartoniert, Audiokassette
ca. 60 Minuten Laufzeit. ●●●●
Entspannung
(0834-1) Von Dr. Med. Chr. Schenk, 88 S.,
29 Zeichnungen, kartoniert. ●
Autogenes Training
Ein Programm zur Streßbewältigung
(1278-0) Von Dr. P. Kruse, B. Pavlekovic,
K. Haak, 112 S., durchgehend zweifarbig,
kartoniert. ●●
Erfolg und Lebensfreude durch
**Autogenes Training und Psycho-
kybernetik**
(1035-4) Von D. H. Alke, 80 Seiten, 2 s/w-
Zeichnungen, mit Audiokassette,
kartoniert. ●●●
Chinesisches Schattenboxen
Tai-Ji-Quan
für geistige und körperliche Harmonie
(0850-3) Von F.T. Lie, 120 S., 221 s/w-Fotos,
9 s/w-Zeichnungen, Beilage: 1 s/w-Poster mit
zahlreichen Abbildungen, kartoniert. ●●
AOK-Bibliothek
Qi-Gong im Alltag
Chinesische Atem- und Bewegungsübungen
(1316-7) Von L. U. Schoefer, ca. 80 Seiten,
durchgehend vierfarbig, zahlreiche Fotos,
kartoniert. ●●
AOK-Bibliothek
Qi-Gong im Alltag
Chinesische Atem- und Bewegungsübungen
(1427-9) Von L. U. Schoefer, ca. 80 Seiten,
durchgehend vierfarbig, zahlreiche Fotos,
kartoniert, mit Audiokassette. ●●●●
AOK-Videothek
Qi-Gong im Alltag
Chinesische Atem- und Bewegungsübungen
(6179-X) Von L. U. Schoefer, ca. 60 Minuten
Laufzeit. ●●●●
Yoga für jeden
(1277-2) Von K. Zebroff, 144 Seiten,
Spiralbindung, durchgehend vierfarbig,
kartoniert. ●●●

Yoga
Weg zur Harmonie
(4417-8) Von A. Harf, W. von Rohr, 176 S., ●
171 Farbf., 12 s/w-Zeichn., Pappband. ●●●●
**Yoga gegen Haltungsschäden und
Rückenschmerzen**
(0394-3) Von A. Raab, 104 S., 215 Abb., kart. ●
AOK-Bibliothek
Radwandern
für die Gesundheit
(1369-8) Von S. Kälberer, J.−U. Knoll, 128 S.,
126 Farbfotos, kartoniert. ●●●
AOK-Bibliothek
Osteoporose
Vorbeugen · Diagnose · Behandlung
(1371-X) Von A. Baumgarten, 96 S., 74 Farb-
fotos, 17 Farbzeichn., kartoniert. ●●●
AOK-Bibliothek
Erkältungskrankheiten
Vorbeugung und Behandlung
(1372-8) Von G. Leibold, 112 S., 74 Farbfotos,
7 Farbzeichn., kartoniert. ●●●
AOK-Bibliothek
Krankenpflege zu Hause
Anleitungen, Tips und Informationen
(1373-6) Von S. Hof, 104 S., 68 Farbfotos,
32 Farbzeichn., kartoniert. ●●●
PfundsKur Kochbuch
(4726-6) Von F. Metzler, 1 12 S., 81 Farbfotos,
Pappband. ●●●
Fit ohne Fett
Die neue PfundsKur
(1370-1) Von Prof. Dr. V. Pudel, 128 Seiten,
kartoniert. ●
Die aktuelle
Ballaststofftabelle
(1288-8) Von Dr. H. Oberritter, 80 Seiten,
kartoniert. ●
Neue Rezepte für **Diabetiker-Diät**
Vollwertig · abwechslungsreich · kalorienarm
(0418-4) Von M. Oehlrich, 96 S., 8 Farbtafeln,
kartoniert. ●
**Diät bei Herzkrankheiten und
Bluthochdruck**
Rezeptteil von B. Zöllner
(3202-1) Von Prof. Dr. med. H. Rottka, 92 S.,
4 Farbtafeln, kartoniert. ●●
**Diät bei Erkrankungen der Nieren, Harn-
wege und bei Dialysebehandlung**
Rezeptteil von B. Zöllner
(3203-X) Von Prof. Dr. med. Dr. h. c. H. J. Sarre
und Prof. Dr. med. R. Kluthe, 96 S., 33 Farbfotos, 1 s/w-Zeichnung, kartoniert. ●●
Diät bei Gicht und Harnsäuresteinen
Rezeptteil von B. Zöllner
(3205-6) Von Prof. Dr. med. N. Zöllner, 112 S.,
35 Farbtafeln, kartoniert. ●●
Diät bei der Zuckerkrankheit
Rezeptteil von B. Zöllner **(3206**-4) Von Prof.
Dr. med. P. Dieterle, 112 S., 42 Farbfotos,
4 vierfarbige Vignetten, 1 s/w-Zeichnung,
kartoniert. ●●
**Diät bei erhöhtem Cholesterinspiegel
und anderen Fettstoffwechselstörungen**
Rezeptteil von B. Zöllner
(3208-0) Von Prof. Dr. med. G. Wolfram,
102 S., 32 Farbfotos, kartoniert. ●●
**Ballaststoffreiche Kost bei Funktions-
störungen des Darms**
Rezeptteil von B. Zöllner
(3212-9) Von Prof. Dr. med. H. Kasper,
96 Seiten, 34 Farbfotos, 1 s/w-Foto,
kartoniert. ●●
**Diät bei Krankheiten des Magens und
Zwölffingerdarms**
Rezeptteil von B. Zöllner
(3201-3) Von Prof. Dr. med. H. Kaess,
96 Seiten, 35 Farbfotos, 1 s/w-Zeichnung,
kartoniert. ●●

**Diät bei Krankheiten der Gallenblase,
Leber und Bauchspeicheldrüse**
Rezeptteil von B. Zöllner.
(3207-2) Von Prof. Dr. med. H. Kasper,
88 Seiten, 35 Farbfotos, 1 s/w-Zeichnung, ,
kartoniert. ●●

Video

Hobby Aquarellmalen
Landschaft und Stilleben
(6022-X) VHS, 40 Min., in Farbe, mit Begleitheft. ●●●●˙
Hobby Ölmalerei
Landschaft und Stilleben
(6025-4) VHS, 40 Min., in Farbe, mit Begleitheft. ●●●●˙
Seidenmalerei
leicht gemacht
(6173-0) VHS, ca. 30 Min., in Farbe ●●●˙
Basteln mit Kindern
(6041-6) VHS, 60 Min., in Farbe, mit Vorla-
gen in Originalgröße, mit Begleitheft. ●●●˙
Die Modellbahn
Anlagenbau in Modultechnik
(6028-9) VHS, 30 Min., in Farbe. ●●●●˙
Golf
(6053-X) VHS, 60 Min., in Farbe, mit Begleit-
heft. ●●●●●˙
Reiten
(6097-1) VHS, ca. 60 Min., in Farbe, mit
Begleitbroschüre. ●●●●˙
Karate
Einführung und Grundtechniken
(6037-8) VHS, ca. 45 Min., in Farbe, mit
Begleitbroschüre. ●●●●˙
Skigymnastik perfekt
(6052-1) VHS, ca. 60 Min., in Farbe, mit
Begleitbroschüre. ●●●●˙
Snowboarding
(6139-0) VHS, ca. 60 Min., in Farbe,
mit Broschüre.●●●●˙
Pflanzenjournal
Blumen- und Pflanzenpflege im Jahresablauf
(6036-X) VHS, 30 Minuten, mit Begleitheft.
●●●●˙
Schnitt und Pflege
von Bäumen und Sträuchern
(6050-5) VHS, 45 Minuten, in Farbe, mit
Begleitheft. ●●●●˙
Erfolgreiche Streßbewältigung
Autogenes Training
Video 1 : Einführung und Kurs
Video 2 : Übungen
(6132-3) VHS, jeweils ca. 60 Minuten, in
Farbe. ●●●●˙
Aktfotografie
Gestaltung/Technik/Spezialeffekte
Interpretationen zu einem unerschöpflichen
Thema
(6001-7) VHS, ca. 60 Min., in Farbe, mit Begleit-
heft. ●●●●●˙
Videografieren perfekt
Profitricks für Aufnahmetechnik und Nachbe-
arbeitung
(6042-4) VHS, **(6044**-4) Video 8, 60 Min., in
Farbe, mit Begleitheft. ●●●●˙
Besser Videofilmen
(6172-2) VHS, 60 Minuten, in Farbe.
●●●●●˙
Top-Form Gymnastik
Ein Bewegungsprogramm für pfundige Leute
(6144-7) VHS, ca. 30 Minuten, in Farbe.
●●●●˙
Fitt ohne Fett
PfundsKur Video
(6142-0) VHS, ca. 40 Min., in Farbe.●●●●˙

15

Streicheleinheiten für Körper und Seele
Partnermassage
(6051-3) VHS, 45 Min., in Farbe, mit Begleit-heft. ●●●●*

Tele Partner Massage
Zärtliche Entspannung zu zweit
(6131-5) VHS, ca. 60 Minuten, in Farbe.
●●●●*

Sinnliche Stunden
(6099-8) VHS, ca. 60 Min., in Farbe, mit Begleitbroschüre. ●●●●●*

Nie wieder rauchen
(6100-5) VHS, 45 Min., in Farbe, mit Begleitbroschüre. ●●●●*

New York
(6151-X) VHS, ca. 60 Min., in Farbe. ●●●●*

Kalifornien
(6152-8) VHS, ca. 60 Min., in Farbe. ●●●●*

USA Südwest
(6153-6) VHS, ca. 60 Min., in Farbe. ●●●●*

Florida
(6154-4) VHS, ca. 60 Min., in Farbe. ●●●●*

Hawaii
(6164-1) VHS, ca. 60 Min., in Farbe. ●●●●*

Irland
(6167-6) VHS, ca. 60 Min., in Farbe. ●●●●*

Norwegen
(6161-7) VHS, ca. 60 Min., in Farbe. ●●●●*

Kanarische Inseln
(6162-5) VHS, ca. 60 Min., in Farbe. ●●●●*

Mallorca
(6143-9) VHS, ca. 60 Min., in Farbe. ●●●●*

Toscana
(6148-X) VHS, ca. 60 Min., in Farbe. ●●●●*

Rom
(6145-5) VHS, ca. 60 Min., in Farbe. ●●●●*

Venedig
(6146-3) VHS, ca. 60 Min., in Farbe. ●●●●*

Florenz
(6147-1) VHS, ca. 60 Min., in Farbe. ●●●●*

Paris
(6157-9) VHS, ca. 60 Min., in Farbe. ●●●●*

Wien
(6158-7) VHS, ca. 60 Min., in Farbe. ●●●●*

London
(6159-5) VHS, ca. 60 Min., in Farbe. ●●●●*

Prag
(6165-X) VHS, ca. 60 Min., in Farbe. ●●●●*

Griechische Inseln
(6166-8) VHS, ca. 60 Min., in Farbe. ●●●●*

Kuba
(6150-1) VHS, ca. 60 Min., in Farbe. ●●●●*

Dominikanische Republik
(6163-3) VHS, ca. 60 Min., in Farbe. ●●●●*

Malediven
(6156-0) VHS, ca. 60 Min., in Farbe. ●●●●*

Bali
(6149-8) VHS, ca. 60 Min., in Farbe. ●●●●*

Thailand
(6155-2) VHS, ca. 60 Min., in Farbe. ●●●●*

Hongkong
(6160-9) VHS, ca. 60 Min., in Farbe. ●●●●*

Berlin
(6177-3) Laufzeit ca. 60 Minuten. ●●●●*

Tunesien
(6174-0) Laufzeit ca. 60 Minuten. ●●●●*

Kanada
(6178-1) Laufzeit ca. 60 Minuten. ●●●●*

Bestellschein

Erfüllungsort und Gerichtsstand für Vollkaufleute ist der jeweilige Sitz der Lieferfirma. Für alle übrigen Kunden gilt dieser Gerichtsstand für das Mahnverfahren. Falls durch besondere Umstände Preisänderungen notwendig werden, erfolgt Auftragserledigung zu dem bei der Lieferung gültigen Preis.

Ich bestelle hiermit aus dem Falken-Verlag GmbH, Postfach 11 20, D-65521 Niedernhausen/Ts., durch die Buchhandlung:

Ex.

Ex.

Ex.

Ex.

Name: _____ Datum: _____

Straße: _____

Ort: _____ Unterschrift: _____